U0554045

吉林大学
日本研究所
日本研究论丛

**第三辑**

# 国家政策转变与日本未来

主编 庞德良
副主编 沈海涛 陈志恒

# Policies Shift
## and the Future of Japan

SSAP 社会科学文献出版社
SOCIAL SCIENCES ACADEMIC PRESS (CHINA)

# 目录

CONTENTS

## 政治与外交



## 经　　济

## 历　史

# 政治与外交

# 日本安全战略的转型与未来趋势*

张玉国**

【内容提要】日本安全战略的转型已经成为战后日本国家战略转变的“第三波”。在安倍内阁时期，日本安全战略的转型呈现出“历史性”、“现实性”和“暧昧性”三种基本倾向，体现在“再安全化”和“再军事化”两个主要进程之中。为此，解读日本安全战略认知的基本范式、认清日本安全战略发展的两大趋势、评估转型对东亚地区和日本的深层影响，是正确把握和客观判断近年来日本安全政策调整的动机、意图、目标的理论基础和前提。可以说，日本安全战略的转型进程既是日本“普通国家”化的进程，也是“战后日本”迈向“21世纪日本”的战略实施进程。

【关键词】日本　安全战略　转型　再安全化　再军事化　安全困境

20世纪90年代至今，转向、转轨、转型是日本安全与军事战略持续变化的最为明显的特征。21世纪第二个10年以来，日本军事与安全战略的调整正进入一个新的变化周期。“再安全化”与“再军事化”成为这一周期最显著的标识。从长波周期看，安全与军事战略的重大转型，是继“泡沫经

* 本文系教育部基地重大项目“中日韩国家关系新变化与区域合作战略”（项目编号：16JJDGJW006）研究成果。

** 张玉国，法学博士，吉林大学东北亚研究院副教授，日本研究所研究员，主要研究方向为东北亚地区政治与安全。

济”“政治重组”之后日本国家转变的“第三波”。从战后70年日本国家战略的转变看，安全战略与军事行为规范一直是衡量“和平国家日本”属性的基本标识或“认知底线”，该领域的“脱战后化”预示着日本的国家战略转型已进入了一个新阶段。

## 一　日本安全战略：几种相互冲突的解读范式

“大陆战略还是海洋战略？力量还是财富？亚洲还是欧洲？大国还是小国？自从明治维新以来，这些问题都是日本安全问题中的固定话题。”[①] 21世纪以来，这一话题再次成为审视日本战略选择的新问题。国际体系结构转型的影响程度、日本战后安全文化的稳定性、日本战略规范的进化以及日本国家战略的特性等问题，再次成为综合考量日本安全战略的标尺。总体上看，目前对日本这方面的研究主要存在以下几种不同的流派，这也是认识这一问题的几种理论范式。

第一种是现实主义的认识范式，该派认为日本地理位置、对能源和资源的依赖以及其地缘政治环境特性所造就的“先天性不足”，与其做大谋强的政治传统、持续奉行的“赶超战略”造成的“后天‘畸形’发展”之间的失调，不可避免地造成其与外部世界关系的紧张。而且，日本是一个“一味追求强权的机会主义国家”，[②] “追求强权”是日本战略的一个显著特性，“见风使舵”是日本谋求生存和塑造安全的惯用手段。由此，该派学者认为，日本的安全设计和外部国家间的冲突具有潜在性、不确定性和危险性。日本不但与东亚国家关系如此，与美国关系也如此。

第二种可称为建构主义的认识范式，该派主张应从战后日本安全的规则性规范和构成性规范的视角认识日本的安全行为，用“软”（soft）的文化对“硬”（hard-nosed）的安全问题进行解析，认为“由于美国的关系，日本的政策在经济问题上是弹性的，在军事问题上是刚性的”，“和平主义国家”的身份已经内化为日本的规范，未来的日本“既不会追求一个中等强国的自主的防卫态

---

① 〔美〕理查德·J. 塞缪尔斯：《日本大战略与东亚的未来》，刘铁娃译，上海人民出版社，2010，第250页。

② 〔美〕罗伯特·A. 帕斯特：《世界之旅——七大国百年外交风云》，上海人民出版社，2001，第266、267页。

势，也不会担当‘军事超级大国’这一不大可能的角色”。[①] 在他们看来，日本“处理国家安全的方法并没有什么变化”，日本安全战略“可能的演进方向也无法通过客观和外部因素进行推断”。[②] 对于日本安全战略的调整，该派认为基本是可信、可靠的，尽管有变化，但总体上是可控的。

第三种可称为国家大战略思考范式。这一派别倾向于从日本国家大战略的持续性和一贯性的视角审视日本的安全战略，认为自明治维新以来政治精英一直在不断理性设计日本的战略发展。日本“一直以来都遵循着实用主义原则……，一直关注着自主性和威望的双重目标以及内嵌在其中的实力与财富价值，并因此而仔细考量每种因素对于增加国家实力的作用”。[③] 日本不是一个“被动反应国家”[④]，它更倾向于选择自我保险的政策，目前的第四种共识——“金发姑娘共识”（goldilocks consensus）正在酝酿之中，这是“一种极不太硬又不太软的大战略，既不是亚洲也不是太西方”，并可“在既不依赖美国，又不容易受到中国攻击的情况下维持安全”。[⑤]

第四种是民族主义的认识范式，主要从日本总体保守化、右倾化以及其历史认识和现实中的民族主义情绪来看日本安全战略的变化，认为日本右翼势力的抬头、新兴右翼政党势力的兴起，以及日本修宪强兵的举措，都预示着日本在加速迈向军事大国，蕴含着再军国主义化的危险和威胁。

上述四种看法目前仍处于激烈的争论之中，近年来日本政策和战略的不断摇摆，又使人对日本安全的质疑增加，从而使这种争论不断地扩大。在这种争论中，日本学界也开始进行重新反思，“日本没有或缺乏大战略”的认识也成为日本学界一种普遍性的、具有代表性的认识。尽管这一持久争论并没有形成定论，但这种争论对认识和理解日本安全战略的多面性是有意义

---

① 〔美〕彼得·卡赞斯坦：《文化规范与国家安全：战后日本警察与自卫队》，李小华译，新华出版社，2002，第172、241页。

② 〔美〕托马斯·伯杰：《德国与日本的规范认同与国家安全》，彼得·卡赞斯坦主编《国家安全的文化：世界政治中的规范与认同》，宋伟、刘铁娃译，北京大学出版社，2009，第299~335页。

③ 〔美〕理查德·J. 塞缪尔斯：《日本大战略与东亚的未来》，刘铁娃译，上海人民出版社，2010，第7页。

④ Calder, Knet., "Japanese Foreign Economic Policy Formulation," *Word Politics*, Vol. 40, 1988, p. 517.

⑤ 〔美〕理查德·J. 塞缪尔斯：《日本大战略与东亚的未来》，刘铁娃译，上海人民出版社，2010，第10页。

的。正如斯蒂芬·范埃弗拉指出的那样:“好的解释告诉我们什么具体原因引起某种特定的现象，并告诉我们这个具体原因仅仅是一般现象的一个范例而已。”①

## 二　日本安全战略转型的三个倾向

**1. 日本安全战略转型的“历史性”**

2013 年 12 月，日本设立了国家安全保障会议（日本版 NSC)，这是继 1954 年设立“国防会议”、1986 年设立“安全保障会议”之后设立的第一个正式的综合性“国家安全”统合机制；2013 年 12 月确定的“国家安全保障战略”（NSS)，正式取代了 1957 年制定的《国防基本方针》，时隔 56 年重新改变了日本的安全战略指针；2014 年 4 月，日本正式出台了“武器装备转移三原则”，正式取代了 1967 年制定的“武器出口三原则”，时隔 47 年放松了对日本武器出口的限制；2014 年，日本正式解禁集体自卫权，时隔 60 多年为日本军事行动松绑。日本内阁会议正式提出的新的“武力行使三条件”，是时隔 60 年对 1954 年“行使自卫权的三项条件”的重要修正。2015 年，日美重新制定新“日美防卫合作指针”，时隔 18 年对日美联合作战进行规则转换。

**2. 日本安全战略转型的“现实性”**

与此相比，日本“防卫计划大纲”的改进则让人看到日本安全战略转型“现实性”的一面。从迄今为止的 5 个大纲的制定看，1976 年日本制定首个防卫计划大纲，1995 年才重新制定新的防卫计划大纲。第一个防卫计划大纲到第二个保卫计划大纲时隔 19 年，而 2004 年大纲到 1995 年大纲仅时隔 9 年，2010 年大纲到 2004 年大纲仅时隔 6 年，2013 年大纲到 2010 年大纲仅时隔 3 年。这种防卫计划大纲调整的速度之快可见一斑。从内容看，1976 年大纲、1995 年大纲和 2004 年大纲的基本指导思想都是“基础防卫力构想”，而 2010 年大纲则提出了“灵活的防卫力量构想”，2013 年大纲提出了“统合机动防卫力构想”。从 20 世纪 50 年代的“必要防卫力构想”至 70

① 〔美〕斯蒂芬·范埃弗拉:《政治学研究方法指南》，陈琪译，北京大学出版社，2006，第 14 页。

年代的“基础防卫力构想”，再到21世纪初的“灵活的防卫力量构想”和“统合机动防卫力构想”，基本呈现出二三十年进行一次重大调整的态势。

**3. 日本安全战略转型的“暧昧性”**

从安保相关法案的制定与修订则会看到日本安全与军事战略转型中“暧昧性”（或“战略模糊”）的一面。1997年，伴随日美防卫合作指针的修改，“周边”以及“周边事态”概念成为焦点，但并未影响到1999年周边事态三法案——《周边事态法案》《自卫队法修改案》《日美物品劳役相互提供协定修改案》的制定。“9·11”事件之后，“有事立法”和“有事法制”成为焦点。2003年，“应对武力攻击事态法案”等关联法案的制定事实上成为日本应对模糊的“日本有事”“周边有事”的基本依据。为行使集体自卫权，2013年以后，日本开始放弃以“周边”和“周边事态”为重心的理念，通过安保相关法规的制定，将日美合作的地理范围扩大至亚太乃至全球，将日美应对的事态从“日本有事”“周边有事”扩展到影响日美的关联事态，实现日美的无缝隙合作。从1960年模糊的“远东”“远东有事”概念到1997年模糊的“周边”“周边事态”概念，直至2015年将之统合在“日本与国际社会和平与安全无缝体制”的“和平与安全”概念之下，日本的安全与军事战略在逐渐摆脱战后法制的束缚、地理范围的束缚和事态限制的束缚。日本自身的意图则在战略清晰中模糊，在战略模糊中清晰。

## 三　日本安全战略转型进程和发展趋势

**1. 日本安全战略转型的“再安全化”**

“再安全化”既是重新界定安全的过程，也是重塑安全规范的过程；既包含认为战后体制阻碍日本安全的思想与思维，也包含对战后军事安全法制的重新塑造。21世纪以来，日本不断重新调整其安全指涉对象，也在改变战后安全的“惯性”，更将突破战后体制束缚作为扩展安全空间的重要举措。简单地说，日本的“再安全化”就是将战后体制看作“不安全”的来源，改变战后体制本身就是“再安全化”的最主要目标。这从其对战后诸多规范的改变中可见一斑。

“再安全化”主要包含三个层面：一是重新界定威胁与威胁来源。具体地说，就是将中国与朝鲜看作最主要的、最迫切的威胁。二是改变安全观和安全战略。具体地说，不再坚持以综合安全为核心的日本特色的安全战略，更倾向于冷战时期的价值观、意识形态等安全观念。三是安全内容上的优先排序发生了变化，也就是将通过军事手段维护安全提升到了一个显著的位置。

**2. 日本安全战略转型的“再军事化”**

“再军事化”是日本改变对“军事”的认识和重新定义发挥“军事作用”的进程，是通过积极和平主义的概念对安全威胁予以重新认识，继而通过安保法案制定对维护安全的手段予以重新架构，据此对此前的“和平”（一国和平主义）的观念、手段进行大幅度转变。简单地说，就是要改变战后“和平”与“军事发展”之间的“矛盾”状态，强化军事力支撑下的“和平”。

再军事化主要包含四个核心内容：一是打破战后的军事禁忌，为使用军事手段维护安全与“和平”奠定合法性基础。这就是安保法修订乃至积极推进修宪的动因之一。二是强化以及重新定义日美同盟，为日本外向化的军事行动提供必要的平台与支撑。修改日美防卫合作指针乃至主张重新修改安保条约，其目标就是为日本参与全球性的军事行动建立新平台。三是改变国内防卫部署和防卫体制。这既包括防御重心向西南转移，也包括防卫省内部体制的优化和日美联合作战、指挥体制的优化。四是逐步放弃战后坚持的“专守防卫”体制、“基础防卫力构想”等军事体制，向“统合”“机动”“灵活”的防卫体制转变，借以优化日本防卫资源的配置，增强日本防卫和外向性军事活动的弹性。集体自卫权的行使、武器装备转移三原则的制定、防卫计划大纲和中期防卫力设想的不断修正等，就是基于这样的目标设定所进行的局部性调整。

总之，“再安全化”与“再军事化”进程是近年来日本安全转型和强化军事的两个轴心。以此为支撑，形成了“安保法制、防卫体制、安保态势”相互促进、联动发展的态势。安保法制的修改，必然会有利于防卫体制的更新，有利于集体自卫权的行使；行使集体自卫权，也必然要求挣脱国内安保法制的束缚，更新防卫体制。安保法制修改和行使集体自卫权获得实现后，防卫体制的修改也提上日程。日本防卫部署重心的调整和新设“防卫装备厅”都是这种调整的一环。从目前态势看，近几年的这种联动变化还仅仅是一个开始，越外向化的安全战略就越需要对安保法制的突破，就越要求防卫体制的现代化，因此，这种联动变化的态势还将持续。

## 四　日本安全战略转型的未来影响

### 1. 日本安全战略转型与东亚的“安全困境”

东亚是日本安全战略制定的地缘基础，日本与东亚国家关系是检验其安全战略的试金石。从地缘政治和安全来说，“如果说20世纪80年代，日本将防卫从本土及周边扩大到‘千里海防’，更多是针对‘危机情况’而非‘常态’所作的设计（的话），（那么，）日本将自身安全保障与周边安全具体地、直接地联系起来，则是在冷战结束以后”。[①] 21世纪初，日本安全战略的转型同其对与东亚国家关系的重新构筑紧密相联，本质上是试图构建一个“二元战略”体系：一方面将中国拉入美国体系，另一方面与中国抗衡。为此，日本加速安全战略转型的倾向日趋明显。

21世纪以来，日本对东亚关系的重新摸索可以归纳为三种尝试，亦可称为日本的三种论调。第一个是小泉纯一郎政权时期的论调：只要与美国关系好，日本与亚洲国家的关系也就会好。第二个是鸠山由纪夫政权时期推出的构建东亚共同体的论调。第三个是安倍现政权的论调：东亚存在一战前的危险局面，如果失控，中日必有一战。三种论调是15年来日本处理东亚关系的三种尝试，也是日本东亚安全战略的一个基本的理念基础，具有典型的代表性。从历史上日本处理东亚安全问题的模式来看，尽管时代不同，但也可以看出某些战略延续的影子。具体地说，小泉的论调似乎更像1945年战败后冷战时期日本处理其东亚安全战略问题的基本倾向，而鸠山政权的政策类似于明治初期与亚洲休戚与共的战略选择倾向，安倍的论调则更类似于日俄战争后直至战败时期日本的倾向。三种倾向、三种选择在21世纪初的15年里都逐一登场，足以显示日本战略转型期面临的战略困境。

从近年来日本战略推行来看，日本安全战略的转型事实上加剧而非缓解了东亚的安全困境。随着中国的崛起和中日实力地位的逆转，日本构筑“亚洲民主安全菱形”[②]，推进“亚洲版北约（NATO）”“亚洲版经济北约

---

① 卢昊：《战后日本安全政策：“军事正常化”的发展》，《日本学刊》2015年第6期，第40页；赤根谷達雄、落合浩太郎編『日本の安全保障』、有斐閣、2004、32頁。

② Shinzo Abe, “Asia's Democratic Security Diamond,” Project Syndicate, December 27, 2012.

TPP”的步伐明显加快，日本采取多种方式“对冲”中国的意图非常明显。日本借助于奥巴马政权的“亚太再平衡”战略，扩大自身军事行动空间，并试图掌控东亚安全战略主导权，从而使日本在成为美国核心盟友的同时成为可发挥更大军事作用的“正常国家”。特朗普上台后，日本又继续借美国战略调整的东风，不断扩大和切实推进在南海和印度洋的军事行动，试图成为“离岸平衡”战略下美国在亚太的“旗手”。从日本的地缘战略特性和“军事化”功能的强化来看，日本的行为正在造成地区的紧张态势，成为地区和世界警惕与担忧的主要对象。

**2. 日本国家战略转变的“第三波”**

安全与军事战略的重大转型，是继“泡沫经济”“政界重组”之后日本国家转变的“第三波”。继经济变革、政治变革之后，安全与军事体系的变革将成为新时期日本变革的“主旋律”。这既是战后70多年日本安全战略、国家战略转变深度与广度的具体体现，也是21世纪日本战略持续调整进程的第一步，是日本“摆脱战后体制”、实施“普通国家”战略的一个基本形态。

安全转型与军事作用的改变，将是对“战后体制”最致命的冲击。从上述日本的变革看，战后体制下诸多安全与军事规范都已变化。今后，随着日本越来越外向化的安全和军事态势的发展，日本“再安全化”和“再军事化”的进程也将进一步加快，且不断突破战后的“常识”。

安全与军事体制的“脱战后化”预示着日本国家战略转变已进入一个新阶段。从所谓“日本经济失去的三十年”、日本政治结构性变革的20多年的历程看，安全与军事战略转型的“第三波”也将在未来一段时间内持续下去，并可能形成足以影响地区和世界安全秩序的冲击波。尽管战后日本的和平规范和当今时代特征限制着日本走战前的老路，但日本民族主义的复活及其影响仍是值得警惕和关注的事情。

总体上看，“第三波”下的中日关系将面临更为严峻的挑战。中国对日本的安全与军事发展的担忧不仅仅在于东海、钓鱼岛等具体的领土领海争端以及可能的冲突，还在于日本改变战后安全与防卫体制的力度与幅度大大超出了既定的预期。更令中国担忧的是，日本上述这些急速突破与多体制联动的态势让中国改变了对日本“和平国家”的认识，乃至笼罩在战前日本的阴影之下。之所以会如此，问题的核心在于更多人对这种螺旋式变动中日本的政治自控能力与稳定性产生怀疑，对日本能否继续遵守和维持战后机制以及规范产生了怀疑。这两个怀疑的同时产生，正在极大改变着中国的对日认识。

# Transformation and Future Trends of Japan's Security Strategy

*Zhang Yuguo*

**Abstract**: The transformation of Japan's security strategy has become the "third wave" of the post-war Japan's national strategic transformation. The Abe cabinet's security strategic transformation presents three basic tendencies, historicity, reality, and ambiguity. It is reflected in the two major processes of re-security and re-militarization. Therefore, interpreting the basic paradigm of Japan's security strategy recognition, recognizing the two major trends in the development of Japan's security strategy, and assessing the deeper impact of the transformation on the East Asian region and Japan, which are the theoretical basis and premise of the keys to correctly grasping and objectively judging motives, intentions, and objectives for Japan's adjusting security policy in recent years. It can be said that the transformation process of Japan's security strategy is not only the process of Japan's "ordinary statization", but also the process of implementing the strategy from "post-war Japan" to "21st-century Japan".

**Keywords**: Japan; Security Strategy; Transformation; Resecurity; Remilitarization; Security Dilemma

# 日本外交战略悖论与对华政策变动的相关性分析

沈海涛*

【内容提要】本文选取了三个对中日关系和日本对华政策至关重要的决定因素或者说影响变量，即日本外交战略、影响日本外交战略和外交政策决定的基本要素及其内在矛盾，影响日本对华外交政策的决定性变量，对其各自的形态和变化以及相互之间的关联进行分析。在严格意义上说，日本的对华政策（外交政策）与外交战略，包括其内在的悖论，以及由此形成的中日外交关系变动，都是在外交和对外关系范畴中进行分析论证的，并没有直接涉及中日两国国内政治特别是日本国内政治和社会经济的变量及其影响。所以，在考察东亚中的中日关系之际，在我们接受中日两国正在各个领域对立与竞争这个概念之前，有必要从东亚乃至全球的视野以及政治、经济和文化各领域对中日关系认真地进行梳理，从历史与现实各个方面对中日关系进行分析研究。

【关键词】中日关系　日本外交　外交战略

近年来，中日关系现状与日本对华外交政策都出现了一些改善向好的变化、征兆。在中国周边外交取得显著成果，“一带一路”倡议获得日益广泛的理解与支持的背景下，中日关系出现了改善明显加速的迹

* 沈海涛，吉林大学东北亚研究中心教授、博士生导师，吉林大学日本研究所研究员，研究方向为日本政治与外交、国际关系。

象。日本政府一改过往的顽固立场，转而对中国提出的“一带一路”倡议表现出在一定条件下参与合作的姿态。日本内阁成员集体“缺席”靖国神社“拜鬼”活动，在历史问题上表现出收敛的举动，乃至此前在北京刚刚举行的纪念中日邦交正常化45周年的系列活动与前几年相比有诸多的不同等，都向人们传递出中日关系逐步改善、日本政府对华政策在积极调整的信息。但是，与此同时，日本的外交战略和对华政策也出现了不容忽视的反向变化。在中日尖锐对立的领土主权争端问题上，日本政府的小动作持续不断，国防预算上对所谓“西南诸岛”防御重点倾斜，在与那国岛增兵驻防，直接针对中国谋划构筑强大的军事防御和攻击体制。在南海问题上，不断煽风点火，积极支持和扶助美国等域外国家搞所谓的“自由航行”和合作开发，挑战中国国家利益的底线，等等。这似乎表明日本政府依然在有意识地针对中国的和平发展围堵布局，设置障碍。

本文选取了三个对中日关系和日本对华政策至关重要的决定因素或者说影响变量，即日本外交战略、影响日本外交战略和外交政策决定的基本要素及其内在矛盾，影响日本对华外交政策的决定性变量，对其各自的形态和变化以及相互之间的关联进行分析。在严格意义上说，对华政策（外交政策）与外交战略（本质上是内政的延伸），包括其内在的悖论，以及由此形成的中日外交关系变动，都是在外交和对外关系范畴中进行分析论证的，并没有直接涉及中日两国国内政治特别是日本国内政治和社会经济的变量及其影响。但无论从国际政治和国际关系的理论角度来说，还是从实际的中日关系现实出发，恐怕都难以忽略和搁置相关要素。

这几方面的相关性主要体现在四个方面：第一，日本国家战略和外交战略的悖论及其产生直接对外交政策发生作用。无论是战略“漂流”或者彷徨的时期，还是相对明晰和稳定的时期，抑或在日本国家战略倾向日美轴心的时期，日本的外交政策都偏向于强硬、右倾和偏离和平主义方向，在具体的政策制定和实施方面也会有明显的表现。外交战略与外交政策呈现出相互背离、自相矛盾的特征。“对美协调”是二战以来日本外交的重要特征，日本前首相中曾根康弘在其著作《日本二十一世纪的国家战略》中谈到二战后日本状况时也承认，“日本缺乏自主性，制定国策时大国依赖性和功利性强”，并认为日本现在依然维持“以美国为主要对象的协调政策”，而且“对美国的过分依赖已成为日本举国上下的社会风潮”。[①] 米歇尔·布莱克说过：“日本外交官在外交上与其说是追求外交成果，不如说优先考虑的是不要使美国产生不满以及不在国际上孤立。”第二，当日本国内政治倾向偏离战后和平民主的潮流，在政治思潮和历史认识等问题上日益右倾化的时候，其外交政策也更倾向于保守封闭和自我中心主义，周边外交政策则表现为以邻为壑，远交近攻，不惜“脱亚入美”，与中国、韩国等交恶。政治变动（右倾化或民主化）与外交政策的相关性表现为正相关。第三，日本国内政局变动和政治势力的消长与其外交战略及政策的变动呈相反的方向变化，即政治形势稳定，执政党对内政政策有充分信心的时候，其外交政策趋向强硬，以非和平主义为主导，强化日美同盟，恶化中日关系。反之，在执政基础弱化、国内政治陷入困境的时候，外交政策则体现为和平友好，重视近邻周边外交，对华外交政策的变化也证实了这一点。第四，日本国家战略和外交战略的定位，即对自身在国际社会的定位和自我认知的变化，也直接影响到日本对华外交政策的方向和力度。

进入21世纪以来，日本国家发展战略和政治生态处于急剧转型时期。从“十年九相”的短期政治向长期政权过渡；从“脱亚”还是“入亚”的摇摆向强化日美同盟转变；从“一国和平主义”向“积极和平主义”的全球性政治理念转变；从护宪与改宪的对立向积极修宪、建立“脱战后体制”转变：这一系列变化表明，日本的国家战略已经从“失去的二十年”中逐步明确了方向。以“安倍经济学”“积极和平主义”等为核心正在形成的政治安全、经济安全与文化安全“三位一体”的“安倍主义”，不仅将为可能到来的安倍自民党长期执政打下基础，而且也将深刻影响日本今后的发展方向和道路选择。自第二次上台以来，安倍政府对日本自身在国际社会的定位与角色设计重新认识，致力于摆脱战后政治体制的束缚，变成“正常国家”的国家意志明确而坚定。目前的问题在于，日本对国际格局变化的认知与现实的国际社会发展的潮流相悖，对自身的角色认识出现不应有的偏差。国际格局与形势的变动给日本实现战略调整提供了契机，特别是以朝鲜半岛问题

① 〔日〕中曾根康弘：《日本二十一世纪的国家战略》，联慧译，海南出版社，2004。

为核心的东北亚局势变动，以及中国的和平崛起给日本带来的战略压力与刺激是显而易见的。在日本地区外交战略与政策选择方面出现的一个明显的方向性变化是，日本的对外战略目标从着眼于和致力于确保不受朝鲜半岛局势威胁向重点应对中国崛起转变。在政策方式上更偏重于政治军事施压而非政治经济合作。以南海问题为例来看，近年来日本借助日美同盟，深度介入南海问题。日本新近制定的《国家安全保障战略》不仅再一次明确了以日美同盟为核心进行国防战略布局的基本原则，明确规定加强日美同盟是日本国家安全保障战略的核心政策之一，强调日美同盟是国家安全保障的主轴，一直以来在美国的亚太战略中扮演基础性角色。[①] 在南海和整个亚太地区，日本的军事行动将基本围绕日美同盟体系展开，其活动范围也随着美国战略目标的变化而变化。近年来，日本将对外战略方向逐渐调整为应对中国的和平崛起。日本不仅在东海持续加强所谓离岛防御能力，部署先进雷达设施和岸基导弹系统，持续加强海上保安力量，更在南海问题上挑动是非，扶持菲律宾、越南等国对抗中国，甘愿做美国在东亚的代言人。具有保守主义、国家主义色彩的安倍政权，自上台伊始便积极推动日本在政治安全方面的战略调整。安倍政权奉行所谓积极和平主义，提出“在基于国际协调主义的积极和平主义之下，日本将与美国联手，为了世界的和平与稳定，发挥更加积极的作用”[②] 的主张，即日本需要配合美国的全球战略，也包括配合美国在东亚地区的战略部署。安倍政权的所作所为并不利于东亚地区国际政治博弈的优化，反而对地区政治稳定起到了破坏作用。日本对外战略调整的悖论主要体现在日本对外战略的基本认识依然存在两重性和摇摆性，对美战略追随与外交自主性之间的选择与平衡依旧是日本对外战略的最大瓶颈。

自 2013 年安倍政府提出日本对外战略的基本设想后，日本外交的实施进程整体上呈现为以安倍主义为导向、以欧亚大陆为实施重点区域、以应对中国崛起为核心内容的外交公关。安倍政权在确定日本外交理念的整体设计与政策主张之际，最为看重的核心要素是安倍提出的所谓日本外交创造未来

① 李聆群：《日本的南海政策及其发展演变》，《和平与发展》，第 109 页。

② 「第百八十六回国会における安倍内閣総理大臣施政方針演説」，平成 26 年 1 月 24 日，http：//www. kantei. go. jp/jp/96_ abe/statement2/20140124siseihousin. html，访问时间：2014 年 2 月 8 日。

的五项原则：第一，在两洋（太平洋与印度洋）交合处的这片土地上，思想、表达、言论的自由——人类获得的普遍价值必须得到完美的体现。第二，对我们来说最重要的共有财富海洋，不应该通过实力来控制，必须依靠法律和规则来进行管理。第三，日本的外交必须寻求自由、开放、互相结合的经济。第四，我们将努力使日本和各位（东南亚各国）之间的文化纽带更加紧密。第五，促进未来这一代人的交流。① 这个所谓日本外交新的五项原则，从几个不同的侧面体现了日本对外战略的指导理念和基本姿态。首先，推动价值观外交是承袭安倍第一次执政时外交政策的最明显的举措。价值观外交是安倍政府推进对外战略所借助的重要工具之一。其次，对海洋事务的关注暴露了安倍在第二次执政后对日本面临的海洋权益争端激化及所带来影响的深刻担忧。安倍政府积极推动海洋战略，将其作为对外战略的重要一环。“安倍主义”对经济外交的关注，是基于拓展日本经济利益的需要，是日本长期以来外交政策中的核心变量之一。“安倍主义”引导下的经济外交与之前的民主党政府相比，则更加注重对外基础设施投资并带有更为鲜明的政治色彩。

日本国内关于国家发展方向和战略定位的认识差异与争论一直没有停止，对华政策的方向选择也一直存在不同的声音和政治博弈。同时，主张和坚持走和平发展道路，维护和发展中日友好合作关系的正义力量与社会基础也依然是不容忽视的重要力量，对日本国家的战略定位与对华政策都持续发挥着重要的作用。执政的自民党和公明党内的中日友好人士、日本社会各界尤其是经团联和知识精英中的有识之士，是日本国内正义的有良知的人士的代表。中日关系的变动，很大程度上也与他们的处境和状态密切相关。进入 21 世纪以来，中日关系经历了几次较大的转变，其间，不同阶段的中日关系被形象化地概括为“政冷经热”或“政冷经冷”。中日经济关系也正经历着双方体量和影响力的反转，进而影响和主导着东亚区域合作的未来发展。

在考察东亚中的中日关系之际，当我们接受中日两国正在各个领域对立与竞争这个概念之前，有必要从东亚乃至全球的视野以及政治、经济和文化

---

① 「開かれた、海の恵み—日本外交の新たな5 原則」，平成 25 年 1 月 18 日，日本首相官邸网站，http：//www. kantei. go. jp/jp/96_ abe/statement/2013/20130118speech. html。

各领域对中日关系认真地进行梳理，从历史与现实各个方面对中日关系进行分析研究。

第一，在东亚各国当中，中日两国存在巨大的政治制度和社会经济制度差异，这本身对东亚区域的和平与发展就具有特殊的意义。在中日邦交正常化的45年间，中日关系经历了巨大的变动。冷战后，随着大国关系的调整，中日关系也进入了不得不重新构建新的战略合作基础的时期。中日关系的变化对东亚特别是东北亚地区的和平与安定有着密切的关系。近年来，媒体及部分研究者指出，中日关系的现状是“政冷经热”及“政冷经冷”。其理由是由于参拜“靖国神社”等历史问题，中日关系进入比较僵化的时期，与此相对，中日两国经济方面的相互信赖和相互依存在不断加深。在政治方面，日本的一部分政治家及政治势力对日本侵略亚洲的战争缺乏反省意识，屡次利用参拜“靖国神社”刺激周边国家，国内的民族主义思想有所抬头。邦交正常化至今，中日关系呈现后退的倾向。由于中日两国在战略选择和政治安全保障等方面立场相异及经济竞争等诸多因素，中日关系必然呈现偏离友好合作的倾向。虽然如此，迄今为止，说中日关系处在崩坏的边缘还言之尚早。在表面上困难重重的背后，中日两国政府和民间有识之士在不断地努力维护稳定的密切关系。

第二，近年来，中日两国间的竞争与摩擦呈现从政治安全保障领域向经济社会领域转移的倾向。众所周知，日本政府在不断修订安全领域的战略，战后数十年来日本维持的和平主义方针正面临挑战。当然，这与国际社会环境的变动及来自同盟国美国的压力有关，更不可忽视的是日本对中国经济的发展感到了深深的不安。由于中日两国对国际形势的认识及应对不同，中日关系进入了合作与竞争并立的时代。特别是在经济合作领域，正如“中国+1”论所表现得那样，日本海外投资脱离中国的动向，毋宁说是在某种程度上呈现了中日两国经济合作的新常态。很明显，由于中日两国对国际政治、安全及经济形势的认识及应对不同，特别是冷战后对东亚地区领土的认识问题，相互之间自然而然地产生了竞争和对立。当然，中日两国在东亚地区有着共同的利益和战略目标，竞争也是在东亚地区整体的框架下进行的。

第三，中日关系正在由“理想”逐步过渡到“现实”。在研究中日关系的历史和现实过程中，要注意矛盾与对立相伴，而且两国关系是在痛苦与挫折中逐步过渡的。要在正确把握中日两国关系的位置及处理原则的基础上，研究中日关系的“理想”和“现实”。当然，就像众所周知的那样，中日两国都有各自的立场和认识。1972 年中日邦交正常化以来，中日关系从理想挣扎着走向现实，但是，不能忽视这是在特定的历史、国际政治和经济背景下发生的。在历史长河中研究中日两国关系时，战后中日关系的发展过程并不具有理想的浪漫色彩，是在当时国际政治和经济形势的联动及国内状况的变动下发展的。由理想到现实的“过渡论”指出，战后中日关系受到中国对日外交努力及日本武断处理深深的影响。

第四，要在现实主义的基础上研究中日关系的发展和变化。在经济合作领域，中日两国各自的努力占主要地位，同时安定的两国关系对东亚地区的稳定合作也做出了巨大贡献。21 世纪初，中日两国共同迎来了社会的过渡期和国力的上升期。在此背景下，中日两国在政治、安全、经济及社会领域迎接挑战的同时，在面对共同的困难和问题时，为了构建战略互惠关系做出了努力，形成了在多领域竞争与合作的局面。在这样的社会经济过渡期，中日两国需要一个相互适应的过程，中方和日方对中日关系都充满了期待。如何正确把握中日关系的主流和方向，采取与之相对的政策，对中日关系向着良好的方向发展充满期待，这是我们思考中日关系的出发点。

总之，中日两国在谋求经济发展的同时，也面临政治关系的重新定位。在东亚地区多边合作体制的框架下，像中日关系能够稳定发展的论调所讲的那样，中日关系和经济合作正处于前所未有的紧密状态。所以，思考东亚地区中日经济合作时，也一定要考虑到经济以外的因素。

日本对外战略和政策存在三个不可解的悖论。这一难以解脱的悖论主要体现在以下三个方面。

第一，日本对外战略的出发点和基本认识依然存在两重性和摇摆性，对美战略追随与外交自主性之间的选择和平衡依旧是日本对外战略的最大瓶颈。自小泉政府时期开始的政治改革，其间经过短暂的民主党执政，到目前的安倍自民党政权执政，日本对外战略逐渐从战略摇摆向战略稳定转变，从战略模糊向战略稳定转变。但“日本回归”呈现出的放弃战后和平宪法体制的方向性令人不安，也与国际社会和平发展的基本潮流背道而驰。近年来日本对外战略在调整过程中采取的塑造假想敌和战略不安的做法，不仅对地区国际格局的稳定产生消极影响，也无助于地区国际合作的推进。通过制造区域安全问题，借以实现日本国家总体战略以及对外战略调整的逻辑和做法，最终将损害日本国家的长远利益。

第二，关于战后日本国家战略的定位与角色设计的僵化思维束缚了日本政府以及亲近政府的智库能力的发挥。如何在东亚乃至全球的广阔视野下思考日本的对外战略与政策？如何理解东亚国际格局及其变化？日本的专家学者对这个问题的理解和处理显然受到既有的日美同盟利益捆绑的思维定式的影响，一直在围绕日美同盟的利益关注画圆圈。在日本某些政客和学者眼中，“国际社会”和“共同利益”都是就日美两国而言的，它们就是国际社会。因此，在日本的对外战略中就出现了一方面大谈“国际贡献”，另一方面极力维护日美同盟利益的怪象。能够给国际社会大多数国家和民众带来福祉的提案与政策构想被它们有意贬低忽略，而一些国际合作的框架与平台则被用作其掌控世界的棋子。尽管在 TPP 问题上日美之间有一些分歧和讨价还价，但日美两国在区域国际合作问题上的思路是大体相同的。

第三，日本对外战略始终跳不出狭隘地处理中日关系的思维框架，无法从世界格局的高度客观看待和处理中日关系。日本对外战略上的种种自相矛盾和悖论，其根源都在于放不下对中国以及中日关系的非理性报复。对日本对外战略的不同期待与担忧，源于日本对外战略呈现出的双重性与摇摆性（所谓的战略“漂流”），从不同的视角会得出相差甚大的结论。

关于日本的定位与角色问题，自我定位和角色设计与他者的角色定位（期待）显然是有差异的。一部分日本学者的观点可能更趋同于欧美的政治理念。在不同的历史时期，国际社会包括中国对日本的定位是存在差异和变化的，如何能够将自我定位与他者期待的距离拉近，这不仅是日本需要考虑的问题，也是国际社会如何发挥塑造力和影响力的问题。战后日本的发展轨迹正显示出令人担忧的“回归”迹象，这既有日本自身的原因，也有国际社会对日本的不同期待与塑造（影响）的责任。

日本对中国“一带一路”倡议的反应充分暴露出其对外战略选择中存在的矛盾与误区。确保政治互信与经济互利的同步实现，是重塑政治互信的现实基础。互信与互利是地区合作中相互关联的两大要素。互信是开展合作的动力，互利是开展合作的基础。以中日韩在经济、金融安全、环境安全领域的合作为例，《2020 中日韩合作展望》的通过说明中日韩三国在自由贸易区建立，建立协调、高效的运输和物流系统，落实“三国海关合作行动计划”，加强金融主管部门的协调，以标准化合作消除不必要的技术壁垒，支持《哥本哈根协议》，加强环保合作，加强地区海洋环境保护，以及建立中日韩循环经济示范基地等领域已经取得了积极的进展。[①]其所展示的是东北亚地区在非传统安全合作中的积极进程，而在上述进程中经济互利实现的过程本身就是政治互信逐步实现的过程；而政治互信的实现则会积极促进经济互利。

日本对“一带一路”倡议的反应及其变化过程是一个很好的检验。即便是在东亚区域合作问题上，日本对自身的国际定位与作用的认知，也经历了不同的时期变化，其对中日两国在区域国际事务上的相互合作都产生了不同的影响。从环日本海经济圈构想到大图们江流域国际合作，再到东亚经济共同体、“一带一路”倡议、是否加入 TPP 等，日本的表现都有理由让人怀疑其是否具有区域大国所必需的自我认识与责任感。在第三方国际区域合作问题上，日本有意识地针对中国推行“地球仪外交”，充分说明了日本在处理日中关系问题上依然没有摆正心态，没有正确认识自身的地位与作用。多年来日本的对外战略一直呈现出某种摇摆、漂流的不确定性和自相矛盾的非理性倾向。这种倾向也非常明显地表现在如何对待“一带一路”倡议问题上。中国提出的“合作共赢”理念，尤其是“一带一路”倡议下的“共商、共建、共享”，超越了“零和博弈”，符合国际关系健康发展的时代要求。“一带一路”倡议随着时间的推移和国际政治经济形势的变化，必将会得到越来越多的积极响应和支持，日本也将会受益。问题在于，世界经济与政治的历史与发展趋势已经证明，将国际经济合作的目光局限于区域一体化和集团化的思维已然落后于时代潮流，争夺区域合作的主导权，特别是维持“发达国家”主导地位和既得利益的观念必将阻碍世界各国经济与政治的平等与协调发展，也将对其自身的国家利益和国际影响力产生极大的负面影响。而这一点，恰恰是日本需要认真反思的重要课题。

日本调整对外战略需要解决以下三个课题。第一，首先，日本的自我定位与角色扮演，究竟依据什么样的理念与国际认知？崇尚强权的国际政治观是否符合国际社会发展的基本潮流和日本的国家利益？其次，日本对国际社会的认识与理解需要不断加深。如果日本对外战略的重点是要在国际社会发挥日本的积极作用的话，那么日本所理解和维护的“国际社会”是联合国框架下的国际社会还是美国为首的特定国家集团？第二，日本要维护的战后“国际秩序”与国际社会普遍认知的国际秩序之间是否有偏差？战后七十余年的今日，国际格局与日本对外战略都面临重大转型。但显而易见的事实是，目前日本正在尝试进行的战略调整与国际社会发展趋势呈现出不同的趋向。将新的“安保法案”置于日本国家对外战略调整的首要位置，一定程度上也体现了日本对国际格局的理解和国家“志向”的核心本质。即使将论题局限于“地区外交”的范围来考察，日本的对外战略如何选择，也不能单单算计日本自身的国家（政府/政治家）利益，更应该具有国际人文情怀和国际社会责任感，充分考虑地区国际社会的共同利益关切。第三，日本“地区外交”的调整，在不同时期有不同的取向，很大程度上与日本国内政治相关。在日本对外战略的继承与变革方面，日本的主体性是如何体现的？作为日本外交基轴的日美同盟是否起了决定性作用？

政治互信的重构需要着眼于传统安全的两个路径与非传统安全路径的共同作用与相互磨合，借以弥补美国主导的安全机制建构中的缺陷。中日两国在经贸合作、促进可持续发展和扩大社会人文交流等领域已经形成诸多共识，这种共识性认知的基本建构展示了东北亚地区合作与重新构建政治互信的基本现实。制度关联的方式与契合程度影响国际机制有效性的发挥。通过开展必要的国际合作拓展现有的共同利益、增进彼此的合作与认知，对于重塑政治互信来说是必然的选择。

在中日关系问题上，看似矛盾的日本外交战略与政策，仅仅是由国际环境的变动与认知导致的，还是其本身就蕴含了内在的逻辑矛盾和特殊的处理机制呢？本文选取这个题目，就是想表明笔者的一个基本判断，即寻找问题答案的线索可能就在这几个概念（要素）及其相互关系之中。

就结论而言，首先，日本外交战略的背离状态与日本对华外交政策的变动这两者之间有某种内在的关联性，存在某种逻辑契合。日本外交战略本身具有的矛盾性和国内政治的变动、日本国内的政治变化与日本外交政策特别是对华外交政策一直是相互影响、相互作用的，犹如双子星系统。日本外交战略的悖论和困境与日本对华政策之间呈现出明显的相关性的结构特征，其中任何一个变量发生改变，都会直接影响到其他方面的状态，从而导致中日关系出现大的改变。

其次，决定日本外交战略的若干重要的要素近年来正在发生变化，并直接影响日本外交政策的稳定和方向选择。日本对华外交政策受制于国际政治和国际关系大环境的变动，更与日本国内在政治倾向、国家战略和外交战略取向以及日本在东亚区域合作等问题上对中国的地位变化和作用的认知改变密切相关。其中，日本在外交战略上的彷徨与“漂流”，国内政治与外交选择上的背离状态，日本国内对中日关系历史与现状的认知差异，以及由此产生的在对华政策上的矛盾选择，中日两国有关中日关系的认知和民意基础的变化，某种程度上呈现出规律性的特征。搞清楚这些相关要素之间的相互关系和作用机制，对我们判断日本的政治走向和对华政策将具有十分重要的现实意义和理论参考价值。

最后，我们有必要关注决定日本外交战略走向的重要参数变量的变化，特别是日本国内影响国家战略选择和外交政策制定的要素的变动状况，集合中日两国有识之士的智慧，合理利用新媒体时代的资源，对其施加积极的正向的影响，使日本的外交战略尽早摆脱内外背离的困境，使中日关系回归正常国家间关系。具体而言，我们都应该积极关注和支持日本国内主持正义与和平、坚持走和平发展道路的社会力量，巩固中日友好关系的社会及民间基础，防止日本政治和国家发展迷失方向，误入歧途，从而为中日两国的和平与合作提供持续保障。

在各种政策建议充斥各个论坛和社会各界的形势下，作为政策建议，只想强调一点，即日本外交战略悖论的解困，中日关系的改善与友好合作，除了国际关系大环境的变化之外，还离不开日本国内政治变化，特别是和平、正义的政治力量和社会基础的培养、成长与巩固。加强民间交流，不仅仅是增进相互理解的需要，更是保证日本长期坚持和平发展、维护中日关系的重要部分，而民间交流与相互理解的实现，离不开最重要的载体——中日两国主张正义、有良知的人，既包括政治精英、有识之士，也包括最基层的一般民众。这是需要我们应当优先考虑重视和维护中日关系的宝贵财富。

# The Correlation Analysis Between Japan's Foreign Policy Paradox and China's Policy Change

*Shen Haitao*

**Abstract**: This is a selection of three key factors that are crucial to china-japan relations and Japan's policy in China, the Japanese foreign strategy, the fundamental elements of Japanese diplomatic strategy and foreign policy decisions, and their internal contradictions, the defining variables of Japanese foreign policy, and their respective forms and changes, and the correlation between each other. In the strict sense, Japan's policy toward China (foreign policy) and the analysis of the diplomatic strategy including its inherent paradox, and the resulting changes in the diplomatic relations between China and Japan, are in diplomacy and analyze the argument in the category of foreign relations, and not directly involved in domestic politics in both China and Japan, especially in Japan's domestic political and social and economic variables and their effects. Therefore, when examining china-japan relations in east Asia, before we accept the concept of confrontation and competition between China and Japan in various fields, it is necessary to carefully comb china-japan relations from the perspective of east Asia and the whole world as well as from the political, economic and cultural fields, and conduct an analysis and research on china-japan relations from all aspects of history and reality.

**Keywords**: Sino-Japanese Relation; Japanese Diplomacy; Diplomatic Strategy

# 日本海洋安全战略模式的历史演变与内在逻辑*

巴殿君　沈　和**

【内容提要】海洋是国家利益的重要组成部分，海洋安全战略是维护国家权益、扩大国际影响力的关键，在国家战略中占据着核心地位。近代以来，日本在追求“大日本主义”战略目标的过程中，采取了“海洋强国”的战略模式。在“扩张—防御—再扩张”的战略模式演变中，不断扩大本国的海上势力范围。特别是进入21世纪以来，日本的海洋扩张由隐性渐进发展向显性激进发展方向转变，其海洋安全战略进入了新的发展阶段。为了探究日本海洋安全战略发展与调整的内在逻辑和演变规律，明确其战略未来走向，本文从海权论的理论视角，搭建了“地缘特性—国家定位—战略需求—战略模式”这一日本海洋安全战略的分析框架。

【关键词】日本　海洋安全　海洋大国

海洋安全在国家安全中占据着至关重要的地位。日本作为海洋国家，在制定海洋安全战略的过程中，有其一脉相承的战略连贯性及其内在的发展变化规律。

* 本文系教育部人文社会科学重点研究基地重大项目“日本国家安全战略调整对我国国家安全的影响”（14JJD810014）研究成果。

** 巴殿君，博士，吉林大学东北亚研究院教授、博士生导师，国际政治所所长，日本研究所研究员；沈和，吉林大学东北亚研究院博士生。

在自然地理特征和国民性特征两方面因素的共同作用下，日本形成了独特的海洋地缘特性。这一地缘特性决定了日本作为海洋国家的战略定位，而这一定位进一步明确了日本的国家战略需求。自幕府末年至今，日本秉承自身的一贯战略方针，在不同时期外部环境的作用下，经历了“扩张—防御—再扩张”的战略循环。本文将在明确“地缘特性—国家定位—战略需求—战略模式”这一内在逻辑的基础上，回顾日本海洋安全战略的历史演变过程。

## 一　“海国日本”的地缘特性

海权是海洋安全战略研究的核心概念，在早期西方国家构建全球霸权体系的实践中占据着指导性地位。进入 20 世纪以来，西方学者以对海权理论的研究为核心，逐步建立起海洋安全研究的基本理论体系，先后提出了海权论、制海权论等代表性理论，指导西方国家走上了“海洋强国”的发展道路，即通过海上军事扩张实现国家安全利益最大化。日本自幕府末期开始，通过开放海洋逐渐融入西方社会，吸纳了西方学者的海权理论，并在这一理论与实践模式的指导下，明确了本国的地缘特性及国家定位。

美国海军学院院长阿尔弗雷德·赛耶·马汉作为蓝水派的代表学者，在 1890 年出版的著作《海权论：海权对历史的影响（1660～1783）》中首次明确提出了海权的内涵及影响因素。他认为海权就是对海洋的控制权和使用权，海权与一国的军事、政治、经济、贸易、资源密切相关，是采取全球规模军事行动的必要条件，对判定一个国家的实力和未来发展至关重要。① 在《海权论：海权对历史的影响（1660～1783）》中，马汉还提出了海权的构成及其影响要素，认为海权的大小取决于地理位置、自然结构、领土范围、人口、民族特点和政府性质六方面内容。② 上述内容可以归纳为四个主要方面，以验证日本作为海洋国家的地缘特性。

首先，从地理位置方面来看，日本作为岛国，不存在陆地上的威胁，海

① George Modelski and William R. Thompson, *Sea Power in Global Politic 1494 – 1993* (Seattle: University of Washington Press, 1988), pp. 3 – 66.

② 〔美〕阿尔弗雷德·塞耶·马汉：《海权对历史的影响（1660～1783）》，安常容等译，解放军出版社，2006。第 38 页。

洋是其天然的战略屏障以及获取外部资源的重要渠道，因此在地理战略上只需将海上军事力量作为防卫的第一线。[①] 日本所面临的外部威胁基本来自欧亚大陆这一单一方向，这一地缘政治上的优势有利于日本集中力量发展海上军力。此外，日本作为四面环海的岛国，对周边海上航路的掌控是其实现对外交流与扩张的基础，也是制定海洋安全战略的主要目的。日本的对外海上航路主要包括以下三条：日本经由波斯湾到达欧洲的南部航路、经由北太平洋到达北美和巴拿马运河的北太平洋航路以及经由北冰洋到达欧洲的北冰洋航路。其中南部航路连接着日本与中东地区的石油出产国，是目前航路安全保护的重点，被称为日本的“海上生命线”。该航路涉及的海域主要包括波斯湾、阿拉伯海、印度洋和南海，涉及的主要海峡包括霍尔木兹海峡、马六甲海峡和台湾海峡。南海周边国家对岛屿所有权的争夺，以及台海两岸关系的发展都将对该航路的稳定性产生影响。

其次，从自然结构方面来看，日本的海岸线长度为 35299 公里，排世界第 6 位。共有港湾 994 个，受温带海洋性气候影响，包括钏路港在内的绝大部分港湾都属于不冻港，不冻港对于日本对外贸易和军事防卫的发展有着重要意义。

再次，从领土范围来看，日本单方面主张其拥有的陆地领土总面积约为 38 万平方公里，排世界第 62 位，占世界陆地总面积的 0.25%。与之相对的是，日本主张其拥有的领海面积约为 43 万平方公里，领海和专属经济区总面积约为 447 万平方公里，位列世界第六。日本的陆地面积过于狭小，这导致其陆地防御的纵深过浅，增加领海及专属经济区的面积有利于战略缓冲范围的外扩。此外，陆上能源的紧缺导致了日本对中东地区石油资源和南部海上航路特别是霍尔木兹海峡和马六甲海峡的过度依赖，增加了海洋安全风险。对海洋能源与矿物质资源的开发和利用可以有效保障日本的能源安全。

最后，海洋国民性特征成为日本海洋国家身份定位的基础。在对外关系发展方面，通商国民属性是日本推动海上商业扩张的重要前提。日本学者高坂正尧在其著作《海洋国家日本的构想》中提到，日本和外部

① 石津朋之、W.マーレー編著『日米戦略思想史——日米関係の新しい視点』彩流社、2005、185 頁。

世界的联系是建立在通商关系基础之上的，具有“通商国民”这一优势。同时，日本的贸易是以海洋作为联结和沟通的渠道，因此日本国民兼具海洋国民的特质。[①] 与对外经济的密切往来相对的是，在内部文化形成方面，海洋对国家间文化传播的阻隔与延后效应，塑造了日本列岛上单一民族的文化特质。体现在对移民的接纳方面，首先，在日本国内居住的外籍移民比例非常低。截至 2015 年底，根据日本法务省公布的“在留外国人数统计”数据，在日本中长期居住的外国人总数为 1883563 人，绿卡持有者人数为 348626 人，二者总数为 2232189 人，约占日本国内总人口数的 1.9%，在世界范围内的 231 个国家和地区中排第 166 位。此外，目前日本接纳的难民人数与本国居民总人数比为 0.2∶10000，在 190 个调查对象国家和地区中排第 146 位。而认为本国居住的外国移民人数越少越好的日本国民比例达到 23.5%，在 33 个调查对象国中排第32 位。[②] 由此引发的文化孤立，也被认为是其岛国文化特质的体现。

## 二　不同历史时期“海洋国家”的战略定位与战略需求

自然地理条件和国家主观条件两方面因素，共同构成日本作为“海洋国家”的战略定位的基础。不同历史时期日本政界和学界对日本的“海洋国家”定位有着不同的阐述。

1786 年林子平编写的《海国兵谈》首次使用了“海国”概念，明确了日本四面环海的地缘特性，这一地缘上的定位成为日本制定国家战略的基础。随后在 1890 年，时任日本内阁总理大臣山县有朋在其著作《外交政略论》中明确了日本海洋安全的战略目标。书中认为，外交的主要目的是确立国家主权线及保护利益线，而海军扩张则是达成上述目的的主要手段和基础。书中提到：“我认为实现国家的独立与自卫有两种方式：一是主权线不容他人侵害，二是对利益线的防卫。主权线是指一国的疆土，而利益线是指

① 浦野起央『地政学と国際戦略』三和書籍、2006、3 頁。

② 明治大学国際日本学部、鈴木研究室「国際日本データランキング」，2016 - 08 - 31，http：//dataranking. com/table. cgi？LG = j&TP = Internationalmigrantstock （ofimmigrantsinthepopulation）&CO = Japan&RG = 0&TM = 2013。

在与邻国的接触过程中与主权线密切相关的区域。万国皆有主权线与利益线，其外交和军备的根本目的就在于维护这两条线。维持利益线是维持国家主权线乃至国家独立的基础，我国利益线的焦点在于朝鲜。”[①] 随后，田中义一在执政时期，曾在施政方针演讲中明确提出：“对于我大日本帝国来说，中国问题极为重要。”[②]“要征服世界必先征服支那，要征服支那必先征服满蒙。”[③] 这一论断将日本的利益线从朝鲜扩大到了中国，体现出当时日本政府对周边地缘政治环境的认知。

二战结束后，在国内外政治环境的巨大变革中，日本国内对海洋国家的内涵认识不再局限于传统的军事安全领域，而是试图将更为宽泛的海洋国家定位强化为国民的共同认知，利用国内的舆论维护本国的海上利益。1961年，日本政府设立“海洋科学技术审议会”作为内阁总理大臣的咨询机构，主要审议关于海洋开发利用的技术问题和相关政策，该机构在1969年提出的第三号报告就率先提出了“海洋立国”和“海洋大国”的说法。[④] 京都大学教授高坂正尧在1965年出版的著作《海洋国家日本的构想》中，率先明确了日本作为海洋国家的身份定位。书中指出，日本的国际政治定位既非东洋也非西洋，为脱离这种两难的困境，应学习英国的历史经验，摆脱东洋与西洋的两分法，作为海洋国家提出自身的发展战略。在这一时期，日本政府对“海洋国家”这一定位始终持谨慎的立场，在公开的政府文件中并没有明确的“海洋国家”的字样出现。只有时任首相吉田茂曾提出，“日本是海洋国家，这意味着必须通过海外贸易养活9000万国民……海外贸易是增进日本国民利益的最便捷手段”，[⑤] 明确了在海洋国家这一战略定位基础上发展贸易的重要性，确定了战后日本“贸易立国”的战略方向。

进入21世纪以后，日本政府开始渲染海洋国家定位背后的军事色彩。2004年小泉内阁公布的《防卫计划大纲》首次明确提出：“在探讨我国安保

① 大山梓『山懸有朋意見書』原書房、1966、196～200頁。

② 田崎末松『評田中義一一十五年戦争の原点』平和戦略総合研究所、1981。

③ 仲田民男『昭和の戦争と靖国神社の問題一蒋介石秘録による』創栄出版、2003、19～20頁。

④ 海洋科学技術審議会「海洋科学技術審議会意見（資料）」『学術月報』21巻12号、1969、832～833頁。

⑤ 秋山晶廣「吉田茂と海洋国日本」Ocean Newsletter、第77号、2003。

政策时必须认识到，我国的战略纵深较浅，拥有绵长的海岸线和众多的岛屿，沿岸地区人口密度较高，国家的繁荣与发展离不开海上交通安全的保障。”① 同年出版的《防卫白皮书》指出：“海上自卫队以广阔的海洋作为活动舞台，将海上交通视为防卫的重中之重。如果发生针对我国的侵略行为，那么敌人将经由海上进攻，因此海洋的防卫是我国的‘防卫第一线’，在这一意义上将其称为‘First Line of Defense’。”② 2013 年安倍内阁公布的《防卫计划大纲》明确提出了日本是“海洋国家”这一结论：“我国拥有众多的岛屿和广阔的专属经济区，是海洋国家。由于资源与粮食的供给大多依靠与海外的贸易往来，因此基于法治和航行自由原则，维持‘开放与安定的海洋’秩序，确保海上交通安全，是维持我国和平与繁荣的基础。”③ 同样，2013 年制定的新《海洋基本计划》提出了新的海洋国家内涵，即“要从被海洋保护的国家向保护海洋的国家转变”。④ 其具体内涵包括维护海洋作为交通要道的安全与稳定、抵御海上自然灾害、保护领海及专属经济区内的本国利益、维护国际海洋法的权威和地位等。这明确了海洋国家这一身份定位对日本防卫政策的意义。

在上述海洋地缘特性和国家定位的基础上，日本有了独特的战略需求，主要体现在三个方面。

首先，脆弱的地理环境和海上地理优势激发了日本在战略目标中的“海洋大国志向”。作为国土面积狭小的岛国，对海洋资源和海上航路的依赖极易引发强烈的危机意识，进而激发对更广阔海域内制海权的争夺。与此同时，日本面对着太平洋这一广阔的海域，周边没有海峡、岛链等通航障碍，海上通道顺畅，同时控制着周边海域的宗谷海峡、津轻海峡和对马海峡这三大海峡。宗谷海峡是连接日本海与鄂霍次克海的唯一通道，对俄罗斯海军进入太平洋有制约作用；津轻海峡是日本海通向太平洋的海上要道；对马

① 「平成 17 年度以降に係る防衛計画の大綱について」『セキュリタリアン』第 551 号、2005、2 頁。

② 防衛庁編『平成 16 年日本の防衛（防衛白書）』国立印刷局、2004、124～125 頁。

③ 防衛省自衛隊『平成 26 年度以降に係る防衛計画の大綱について』（2013 年 12 月 17 日），http：//www. mod. go. jp/j/approach/agenda/guideline/2014/，访问时间：2015 年 12 月 12 日。

④ 閣議決定『海洋基本計画』（2013－04－26）［2015－12－12］，http：//www. kantei. go. jp/jp/singi/kaiyou/kihonkeikaku/130426kihonkeikaku. pdf.

海峡是日本进入中国黄海和东海的交通要道。对上述三个关键海峡的控制可以实现对内海沿岸国家的有效封锁，在争夺制海权中达到事半功倍的效果，这一地缘优势成为日本谋求海上霸权的有利前提。所谓的“海洋大国志向”，是指一国凭借自身的综合国力，在国际海洋事务中发挥影响力，维持大国地位的自觉意识，主要内容包括海洋权益范围的扩大和国际地位的提升两个方面。二战前的区域霸权国家、二战后的经济大国、20 世纪 90 年代以来的政治大国、21 世纪初的海洋大国都是日本在不同时期的战略目标，其共同点就是对国际体系中大国地位的追求，主要体现在扩大经济权益范围、提升政治地位、增强军事实力三个方面。

其次，日本作为板块边缘地带国家，是海陆势力交流的通道，也是大国冲突的缓冲带，迫切需要在大国博弈的环境下维持本国的生存空间。日本位于欧亚大陆板块和太平洋板块交界地区，长期处于陆权势力与海权势力争夺区域制海权的夹缝中，其战略制定较多受到随机性因素的影响。区域内海权与陆权大国之间的实力对比和关系发展决定了该地区冲突的频度与烈度，边缘国家与区域大国的实力对比决定了自身是海陆势力交流的通道，还是代理战争的爆发地，抑或是海陆势力争相拉拢的对象。为了维护本国的生存空间，实现国家利益最大化，日本在战略手段选择上倾向于与“强者结盟”。无论是明治维新后的日英同盟还是二战时期试图向大陆扩张的德意日同盟，抑或是二战后的日美同盟以及进入 21 世纪后不断强化的日美同盟，日本在欧亚大陆板块与太平洋板块的不断碰撞过程中，一直试图避免被边缘化的命运，在陆权和海权的竞争中，通过与一方的联盟和对另一方的遏制来实现自身海洋权益最大化。

最后，在日本海洋安全战略的演变过程中，经济因素与战略制定的关系密不可分。经济利益是日本推行海洋扩张的动力，经济控制是日本实现海洋大国目标的主要手段。日本陆地自然资源匮乏，国内市场狭小，需要通过进口原材料和出口工业产品维持国内的经济运转，因此对海外贸易具有很强的依赖性。日本占据着欧亚大陆通往太平洋的海上交通要道，近代以来通过发展对外贸易不断提升本国的经济地位。发展对外贸易的本质需求成为日本“通商国家”定位的基础，也是日本制定海洋安全战略的重要前提。

## 三　日本海洋安全战略模式的历史演变

“黑船来航”事件后，日本在外部海洋大国的冲击下意识到了海洋安全的重要性，引发了对自身“海国”定位的重新思考，进而推动了此后一个多世纪里日本海洋安全战略模式的演变。根据国际背景、日本海洋安全战略目标设定、战略制定主体倾向性、战略手段选择四个方面，可以将明治维新以来日本海洋安全战略模式的演变划分为以下四个阶段，其战略模式呈现出“扩张—收缩—再扩张”的历史进程。

### （一）近代军事扩张模式

这一时期日本的海洋安全战略模式是以传统的军事手段为主，对内实行军事专制和战时体制，对外通过军事侵略扩大势力范围，同时对亚洲殖民地进行贸易掠夺。军事扩张给日本带来了更大的市场与更多的原料，在很大程度上促进了经济的发展，同时经济发展又为日本军备提升提供了财力支持。

日本政府参照荷兰的海军建制，建设了庞大的海军力量，以实现对区域内国家的殖民统治。如表 1 所示，以 1894 年的甲午海战为契机，日本军费进入了爆发式增长阶段，特别是 1904～1905 年日俄战争期间和 1937 年全面侵华战争爆发以后，军费占国家财政支出比例都在 70% 以上，这充分体现出近代日本对军事力量发展的重视程度。

**表 1　近代日本军费支出及其占国家财政支出比例**

单位：千日元，%

| 年度 | 军费总额 | 占国家财政支出比例 | 年度 | 军费总额 | 占国家财政支出比例 |
|---|---|---|---|---|---|
| 1875 | 10275 | 14.8 | 1911 | 206220 | 35.2 |
| 1876 | 30571 | 38.4 | 1912 | 200932 | 33.8 |
| 1877 | 27377 | 41.1 | 1913 | 192295 | 33.5 |
| 1878 | 12482 | 19.5 | 1914 | 220057 | 35.6 |
| 1879 | 11277 | 18.7 | 1915 | 220043 | 37.0 |
| 1880 | 12083 | 19.1 | 1916 | 242072 | 40.4 |
| 1881 | 12016 | 16.8 | 1917 | 346144 | 47.4 |
| 1882 | 13636 | 18.6 | 1918 | 481171 | 51.9 |

续表

| 年度 | 军费总额 | 占国家财政支出比例 | 年度 | 军费总额 | 占国家财政支出比例 |
|---|---|---|---|---|---|
| 1883 | 16438 | 20.3 | 1919 | 858483 | 65.1 |
| 1884 | 19480 | 25.4 | 1920 | 904282 | 58.4 |
| 1885 | 15584 | 25.5 | 1921 | 841875 | 52.7 |
| 1886 | 20524 | 24.7 | 1922 | 692569 | 45.7 |
| 1887 | 22238 | 28.0 | 1923 | 529553 | 34.2 |
| 1888 | 22541 | 27.7 | 1924 | 487322 | 29.6 |
| 1889 | 23583 | 29.6 | 1925 | 448241 | 29.4 |
| 1890 | 25830 | 31.5 | 1926 | 436751 | 27.7 |
| 1891 | 23817 | 28.5 | 1927 | 496630 | 28.1 |
| 1892 | 23901 | 31.1 | 1928 | 519735 | 28.6 |
| 1893 | 22955 | 27.1 | 1929 | 496405 | 28.6 |
| 1894 | 128565 | 69.4 | 1930 | 444302 | 28.5 |
| 1895 | 117190 | 65.6 | 1931 | 461204 | 31.2 |
| 1896 | 73416 | 43.5 | 1932 | 701033 | 35.9 |
| 1897 | 110728 | 49.5 | 1933 | 881056 | 39.1 |
| 1898 | 112650 | 51.3 | 1934 | 948391 | 43.8 |
| 1899 | 114442 | 45.0 | 1935 | 1039235 | 47.1 |
| 1900 | 133807 | 45.7 | 1936 | 1085454 | 47.6 |
| 1901 | 106959 | 40.1 | 1937 | 3293989 | 69.5 |
| 1902 | 86523 | 29.9 | 1938 | 5979059 | 77.0 |
| 1903 | 151317 | 47.9 | 1939 | 6489572 | 73.7 |
| 1904 | 673020 | 81.7 | 1940 | 7963490 | 72.5 |
| 1905 | 730614 | 82.3 | 1941 | 12515349 | 75.7 |
| 1906 | 378736 | 54.4 | 1942 | 18836742 | 77.2 |
| 1907 | 215116 | 34.9 | 1943 | 29828910 | 78.5 |
| 1908 | 213757 | 33.6 | 1944 | 73514945 | 85.3 |
| 1909 | 177617 | 33.3 | 1945 | 55242895 | 72.6 |
| 1910 | 185565 | 32.6 | — | — | — |

注：军费支出包含陆军省开销、海军省开销、临时军费、征兵费和军事技术开发费用等广义上的军费。

资料来源：笔者根据历年大藏省「决算書」总结。

在上述军费投入的支持下，日本海军人才储备实现了爆发式增长，为在亚洲地区的全面扩张奠定了海军基础。日本海军人数在1930年为8.8万人，到1945年太平洋战争结束前达到241.7万人[①]，增长了26.5倍。与此同时，到甲午战争爆发时，日本海军已拥有31艘军舰和24艘水雷艇，日俄战争时拥有76艘军舰和76艘水雷艇。日俄战争后，大败俄国的日本海军与英、美海军比肩，并称为“世界三大海军”。[②]

对殖民地的贸易掠夺成为日本军事扩张的内在动力以及积累军费的重要途径。时任日本首相近卫文麿强调“机会均等主义”，提出应将殖民地开放作为工业产品的市场和天然资源的供应地，避免西方大国封锁殖民地给日本经济带来打击，这将威胁到日本的国家生存。[③] 这种重视殖民地贸易的思想与军事势力范围扩张的战略目标相结合，推动了日本对殖民地的资源掠夺和商品倾销。日本在这一时期先后提出了“亚洲门罗思想”“大东亚共荣圈”“东亚联盟论”“东洋盟主论”等一系列区域霸权主义口号。

### （二）二战后经济外交模式下的战略收缩

二战中日本的战败使日本海洋安全战略被迫进入了全面收缩期。战败国身份限制了日本在政治和军事领域继续推行海洋扩张战略，其海洋安全战略转向了“重经济、轻军备”的经济外交模式。在“美主日从”的政治同盟庇护下，日本以经济外交为动力，试图恢复在东亚地区的海上霸主地位。

战后日本在军事和政治领域受到的限制颇多，经济外交是日本参与国际秩序形成的最有效也是唯一的手段。1950～1953年朝鲜战争期间，日本生产了约10亿美金的战时特需品，变相摆脱了西方国家在战后对日本实施的经济制裁，以此为契机，日本经济进入了快速增长期。1955～1973年，在进出口贸易额不断增加的前提下，日本国民生产总值整体呈快速增长的趋势，年平均实际增长率达到9.2%。1968年至

① 原剛、安岡昭男編『日本陸海軍事典』新人物往来社、1997、490頁。

② 福井静雄『海軍艦艇史』ベストセラーズ、1980。

③ 中西寛「日本の安全保障経験——国民生存権論から総合安全保障論へ」『国際政治』117号、1998、143頁。

2009年，一直保持国民生产总值全世界第二的地位，成为世界经济大国。

日本的经济外交包含强烈的政治因素，拓展了战后日本的外交空间，有利于塑造日本在国际社会中的良好形象，同时促进战后经济的迅速恢复。进入20世纪60年代以后，日本的贸易对象区域从东南亚逐步扩大到包含澳大利亚、新西兰和美洲大陆在内的整个亚太地区，此后逐渐向包含欧洲在内的全球进一步扩张。日本经济势力的扩张和商业控制能力的提升，在一定程度上填补了军事力量与政治手段不足所带来的国家定位的缺失。

### （三）冷战后的自主发展模式

冷战结束后，日本在追求海上霸权的过程中更加注重自主性，试图通过扩大和提高自卫队的海外行动范围和能力，确保在东亚地区的区域主导地位。

首先，在东亚地区发展多边外交是日本摆脱战后体制、实现“自主外交”的重要突破口。随着战后日本经济实力的快速提升，进入20世纪90年代后，日本国内要求提升政治军事实力的呼声越来越高，因此日本开始重视发展同东亚各国之间的关系。1991～1996年，从宫泽喜一到村山富市的四任首相都把首次出访目的地选在了亚洲，改变了此前新首相首先拜访美国的传统做法，同时通过对东盟国家的ODA和无息贷款等经济外交手段加强了与各国的经济依存，凸显了亚洲在日本外交战略中的重要地位。这一做法的目的是在亚太经合组织、东盟论坛等区域合作组织中充当“影子首领”，增强日本在亚洲地区事务中的发言权，最终成为区域秩序的维护者和区域规则的制定者。

其次，推动自卫队海外派遣是扩大日本的海权范围、提高自卫队自主防卫能力的基础。二战后制定的《日本国宪法》第九条成为日本扩充军力的主要障碍，为了在日美同盟和《日本国宪法》第九条之间保持平衡，找到自卫队发展壮大的合法性，联合国维和行动成为最好的突破口。为此，日本进一步完善了自卫海外派遣的国内法律依据。1992年，日本制定了《联合国维和行动合作法》，这为自卫队参与PKO行动提供了国内法律依据。此后，在1998年公布的《联合国维和行动合作法修正案》

中，携带武器的使用范围从自卫和“保护自卫队队员”，扩大到对“其他共同参与人员”的保护。但对“共同参与人员”没有给出明确的定义，这在实际上扩大了自卫队在参与维和行动时使用武器的范围。1999 年 5 月制定的《周边事态法案》中，“周边”的地理范围的定义并不明确，而是根据日本政府的不同解释划定不同的范围，其实质上是将海上自卫队的活动范围由国内扩大到了海外的任何地方，上述法制对自卫队海外行动的松绑突破了对军事自主权的限制。

最后，海洋科技外交作为扩展海上势力范围的新手段，自 20 世纪 90 年代起逐渐受到重视。随着各国对海洋安全认知的逐步加深，沿岸国家对海洋资源的需求不断扩大。日本在海洋观测、海洋资源开发、海洋渔业、海上运输等方面的技术开发与应用一直处于世界前沿，对海洋观测数据的分析和共同研究加强了日本与各参与国之间的海洋科技合作，是日本提升非传统海洋安全领域话语权的有效手段。

### （四）21 世纪初“海洋大国”模式下的再扩张

进入 21 世纪后，日本面临的国际与国内形势发生了较大变化，其海洋安全战略结束了 20 世纪 90 年代的“漂流”，选择在新的国际体系构建过程中再次向美国靠拢。以控制关键航路为目的，以经济外交和价值观外交为突破口，向关键航路周边地区不断拓展势力，日本进入了明确的“海洋大国”战略扩张模式。

这具体表现为制定了以《海洋基本法》、《海洋基本计划》、“新安保法制”等为代表的一系列国内法律，明确了自身的海洋权益范围和海权扩张依据，并提出了以“积极和平主义”为代表的海洋扩张指导思想，成立了以综合海洋政策总部为代表的统领海洋扩张战略的指导部门。在不断提升自身军事实力的基础上，以构建东亚地区海上主导权为基础，通过双边的、多边的海洋同盟不断介入国际海洋争端，扩大海上权益范围，试图成为全球范围内海上霸权中的一极。

在经济方面，对海外贸易和海上航路的依赖成为日本实施“海洋大国”战略模式的内在推动力。日本工业生产的方方面面都依赖于强大的海外贸易，以汽车为代表的制造业更是严重依赖于海外原材料和市场，这些进出口中有99.7%是依靠海上航路运输完成的。[①] 根据2010年日本港湾协会的统计数据，日本集装箱总吞吐量排世界第7位，占到世界港湾吞吐总量的3.5%。其中，东京湾的吞吐量在全世界排第28位。由于对海外市场和资源的高度依赖，脆弱的海上航线成为支撑资源能源运输与海外贸易发展的关键，日本对海洋安全战略实施范围的界定也不再局限于本国的国土面积，而是扩大到对全球范围内海上航路的保护。

**表2　21世纪初日本海洋经济相关数据**

| 项目 | | 数量 | 统计日期 | 数据来源 |
|---|---|---|---|---|
| 远洋海运 | 日本籍船只 | 184艘 | 2014年6月30日 | 国土交通省海事局《海事报告》 |
| | 外国籍船只 | 2382艘 | 2014年6月30日 | |
| 内航海运 | 客运船 | 2279艘 | 2016年4月1日 | 国土交通省海事局《海事报告》 |
| | 货运船 | 5183艘 | 2016年3月31日 | |
| 日本籍船员数 | | 64283人 | 2015年 | 国土交通省海事局《海事报告》 |
| 港湾数 | | 994个 | 2016年4月1日 | 国土交通省港湾局 |
| 渔港数 | | 2879个 | 2016年4月1日 | 农林水产省 |
| 海上贸易量 | | 95859万吨（占贸易总量的99.6%） | 2014年 | 国土交通省海事局《海事报告》 |
| 海上运输进口总量 | | 79537万吨（占总进口量的99.8%） | 2014年 | 国土交通省海事局《海事报告》 |
| 海上运输出口总量 | | 16322万吨（占总出口量的99.0%） | 2014年 | 国土交通省海事局《海事报告》 |

资料来源：内閣官房　総合海洋政策本部事務局『平成28年版海洋の状況及び海洋に関して講じた施策』、78～79頁，2015-10-12，www.kantei.go.jp/jp/singi/kaiyou/annual/H28/H28_all.pdf。

在军事方面，保护海上航路安全的需求以及军事经济发展不相称的现状是提升日本军事实力的客观要求。根据防卫省2016年的统计数据，目前日本陆上自卫队人数约为14万人，没有排进全球前十五；海上舰船总吨位约为46.7万吨，排世界第6位，舰艇数量为137艘，排世界第12位；航空自

① 山田吉彦「特集海洋国・日本の新たなる国境戦略」『じゅん刊世界と日本』（1168・1169）、2010、12頁。

卫队飞机总数为410架，排世界第12位。[①] 相对于国内生产总值排名第三的国家经济实力而言，可以看出战后制定的和平宪法依然制约着日本军事力量的发展。为此日本逐步解禁集体自卫权，加大武器研发和出口力度，试图在军事领域重构自身的大国地位。

在政治方面，日本长期以来在“美主日从”的同盟体系内，坚持与美国在意识形态和国家利益上一致的“命运共同体”这一合作形式。随着日本经济地位的提升和多极化世界格局的逐步形成，日本不再满足于“对美一边倒”的政治定位，而是通过申请成为联合国安理会常任理事国、加入多边国际组织等方式，试图谋求与经济地位相称的政治大国地位。

未来随着日本国内保守派政治力量的不断壮大，以及国际体系内中美权力转移的不断发展，日本将在未来延续海洋扩张的战略路线，向全球范围内的政治大国与军事大国目标迈进。这一海上霸权扩张的战略走向将引发区域内的对抗，严重破坏区域乃至全球范围内的合作基础，甚至可能引发军事冲突，成为制约中国海权拓展、威胁中国国家安全的隐患。

## 四　结语

本文以海权论为理论基础，利用“地缘特性—国家定位—战略需求—战略模式”这一逻辑分析框架，考察了日本海洋安全战略的内在演变规律以及战略实施模式。日本的海洋安全战略受制于自身的海洋地缘特性，也受制于不同时期的国家利益追求、国家目标设定等内外诸多因素。本文将“海国日本的地缘特性”作为分析的视角，不是意味着“地理环境”“天定日本命运”这一观点，而是主张既要承认地理因素在历史上塑造日本海洋战略的重要性，也要避免过度强调“地理决定论”所带来的危险。地理环境并非决定日本对外政策的唯一因素，但是若不考虑这一特定“客观因素的存在”，我们就无法准确把握日本海洋战略的未来走向，无法应对日本咄咄逼人的海洋安全政策的挑战。

① 防衛省編『平成28年版日本の防衛（防衛白書』日経印刷、2016、385頁。

本文注重聚焦不同时期的日本海洋安全战略，基于不同的利益诉求、实施手段和战略目标等因素，将日本海洋地缘特性中所表现出的优势和劣势作为判定其国家身份和历史定位的横轴，将不同时期日本面临的国际体系结构和国内经济社会因素作为历史演变分析的纵轴，跳出“地理环境决定论”的历史局限性，指出日本海洋安全战略呈现出“扩张—收缩—再扩张”的历史演变规律，勾画出了日本“海洋强国”战略的发展路线图，探究了其发展的内在逻辑和演变规律。

通过对内在规律和演变规律的系统性研究，可以看出日本的海洋地缘特性和由此引发的战略需求是其制定海洋安全战略的内在主导因素。这一内在因素所具有的持续性特征，导致“海洋强国”的战略模式在日本历史上各个时期都有所体现，并且在不同的外部环境中和内在发展阶段表现出不同的侧重，构成了日本海洋安全战略的发展规律。未来的日本海洋安全战略也将延续这一规律，为了实现对更广阔海域的霸权控制，日本正在由单纯的海洋经济大国向海洋军事大国和海洋政治大国方向推进，进入了新的海上霸权扩张期。

## The Historical Evolution and Internal Logic of Japanese Maritime Security Strategy

*Ba Dianjun, Shen He*

**Abstract:** The ocean is an important part of national interests and the maritime security strategy is the key to safeguard the rights and interests of the country, expand the international influence, and occupies the core position in the national strategy. In modern times, Japan has adopted the strategic mode of "ocean power" in pursuing the strategic goal of "great Japanese" . In the evolution of the strategic mode of "Expansion-defense-expansion", we continue to expend our maritime sphere of influence. We continue to expand our maritime sphere of influence. Especially since twenty-first Century, Japan's ocean expansion has changed from implicit and progressive to dominant and radical development, and its marine safety strategy has entered a new stage of development. In order to explore the internal logic and evolution laws of the development and adjustment of the Japanese maritime security strategy and to clarify its strategic future, this paper establish the framework of the "geopolitical characteristics-National Orientation-strategic demand-Strategic Model", the analysis framework of the Japanese marine security strategy.

**Keywords**: Japan; Maritime Security; Maritime Power

# 日本参与北极事务的外交选择及其新发展

高 科 张婷婷*

【内容提要】全球气温升高致使北极冰川加速融化，在经济全球化时代，北极丰富的资源储备和潜在的航运价值正在受到越来越多国家的关注，其中日本就是最早参与北极研究的域外国家之一。长期以来，日本的北极战略坚持“大国模式”，以美俄合作为基础，将资金和科技研发作为参与北极的“软实力”，并取得了相应的成就。目前我国没有明确的北极政策，研究日本参与北极事务的经验，对于我国制定北极政策具有很好的借鉴意义。

【关键词】日本 北极 大国模式 软实力

作为海洋岛国，对资源和走向世界的渴求，使日本比较重视自己的海洋战略和海洋活动，日本参与北极研究要远远早于其他域外国家。早在20世纪50年代，尚处在战后恢复时期的日本就开始将目光瞄向北极，经过半个多世纪的努力，日本在研究与开发北极过程中形成了自己的影响力，成为北极不容忽视的域外力量。2013年，日本与中国、韩国等6个国家获得了北极理事会观察员国资格，这标志着日本参与北极事务的能力得到北极国家的认可，日本在北极事务中的国际影响力得到提升。

* 高科，吉林大学东北亚研究院国际政治研究所教授，吉林大学日本研究所研究员，研究方向为日本政治；张婷婷，吉林大学东北亚研究院国际政治所硕士研究生

## 一 日本参与北极事务的历史演变

人类社会最开始关注北极源于新航路的开辟。十月革命后，苏俄着手全面开发北极。但是，由于北极恶劣的气候条件，北极开发在当时并没有引起世界上大多数国家的关注，而此时的日本则开始参与到北极研究中。二战后，经历了两次世界大战的摧毁，人类比任何时候都更加珍视和平，致力于社会发展。作为海洋岛国，日本比任何其他国家都更加重视自己的海洋战略，此时逐渐从战后废墟中恢复的日本，开始将目光瞄向北极。从20世纪50年代开始，日本的北极参与在半个多世纪中经历了四个主要发展阶段，每一个阶段都具有明显的时代特征。

### （一）二战前：起步中的北极参与

明治维新后，日本的欧化道路取得了显著成就。日俄战争的胜利使日本的国际地位得到空前提升。一战结束后，华盛顿会议通过了《五国条约》（《限制海军军备条约》），条约重新对世界主要政治力量的海军力量进行了分配，根据条约，美、英、日、法、意五国主力舰的吨位之比应该为5∶5∶3∶1.75∶1.75，条约的签订意味着日本当时的海军实力已经超越法国和意大利，跃居世界第三，仅次于当时的两大头号强国——美国和英国。随着自身实力和国际地位的提升，日本开始走出太平洋，走向世界。作为亚洲头号强国，1921年，日本科考人员乘坐水产工会的“鹏丸”号进入北极，开始对北极进行考察。这次考察意义重大，标志着亚洲国家也开始参与到北极科考当中。1925年，日本签署了《斯瓦巴德条约》，该条约使日本享有了自由进入北冰洋进行科学考察、远洋捕捞等权益，获得此项权益后，1936年、1937年，日本开始对北冰洋的东部航道进行秘密勘测。[①] 这一时期，日本的国际地位刚刚得到国际社会承认，此时日本参与北极考察具有循序渐进的特点，并具有一定的隐秘性。日本驶向北极的第一艘船——“鹏丸”号就是一艘民用商船，并不具有官方性质。此后一段时间内，即

① 肖洋：《日本的北极外交战略——参与困境与破解路径》，《国际论坛》2015年第4期，第76页。

使获得了自由航行北冰洋的权益，日本对北冰洋航道的勘测也是以远洋捕捞的名义进行的。

## （二）冷战时期：北极参与逐渐成熟

由德、日、意法西斯集团发动的第二次世界大战，不仅给世界带来了巨大的灾难，也使日本人民蒙受了巨大痛苦。二战结束后，日本国内的学者开始对日本的海洋战略进行反思。大多数日本学者认为，日本原来海洋政策的方向是不对的。日本学者认为，作为海洋岛国，日本不应该将占领大陆或者与大陆国家结盟作为海洋政策的主要方向，而是需要坚守“基于海洋价值观的世界秩序”，将维护与其他海洋国家的关系作为海洋政策的主要努力方向。[①] 因此，北极成为日本维护与北极国家关系的着力点之一。虽然日本并不属于北极国家，但是北极气候变化对全球气候会产生重要影响，作为海洋国家，日本对全球海洋环境的变化非常重视。

20 世纪 50 年代后期，经历了十年的恢复后，日本开始将目光转移到北极地区。随着与北极国家建立外交关系，日本学者开始直接参与到北极研发中。冷战时期，日本最先参与北极科研始于 1957 年，当时日本北海道大学理学部教授中谷宇吉郎在冰岛的观测基地参与了观测。此时日本科研人员并没有单独对北极进行科研，更多的是参与欧美国家主导的研究项目。进入 70 年代后，日本的北极研究经过十多年发展，积累了一定的经验，这一时期，日本开始着手成立致力于北极研究的专门机构——国立极地研究所，此时，日本对北极的研究主要集中在气候领域。进入 80 年代后，随着戈尔巴乔夫上台，美苏两大阵营之间出现了缓和局面，作为资本主义阵营的日本开始与苏联共同开展“北极航线开辟”课题研究。经过长期研究后，日本已经不满足于对北极进行局部研究，1990 年日本成立了北极圈环境研究中心，这标志着日本开始对北极地区进行全面、独立的研究。

冷战时期，日本对北极的研究取得了重大进展，日本从开始参与其他国家的研究，发展到可以自己独立研究；从对北极进行局部研究，发展到对北

① 李振福、何弘毅：《日本海洋国家战略与北极地缘政治格局演变研究》，《日本问题研究》2016 年第 3 期，第 4 页。

极进行全面研究；从局限于与欧美国家合作，发展到与两大阵营都进行合作；从个体的学术研究行为，发展到成立专门的研究机构。

### （三）苏联解体后：北极参与全面展开

苏联解体后，两大阵营对立局面结束，北极地区也结束了美苏对峙的二元竞争格局，北极地区开始朝着多元化、国际化方向发展。这一时期，世界主要大国开始注意到北极巨大的地缘政治价值，纷纷将目光投向北极。迎合时代发展潮流，日本在北极地区的参与方式已经不仅仅局限于与美、俄两大国合作，开始将目光转移到其他北极国家。从 1992 年开始，日本与北极国家挪威开展了持久、全方位的合作。其间，两国在挪威属地斯瓦尔巴德岛建立了双方共用的北极观测基地，此外，日本、挪威、俄罗斯三国的研究机构还共同开展了“国际北极航道”课题研究。该研究对整个北极海域进行了全面调研，并且将调研的结果撰写成《北极航道：连接欧洲与东亚的最短航道》，该报告至今都对相关专业领域的研究有很好的借鉴意义。

以前日本在北极研究中更重视与外国相关科研机构展开合作，而日本国内各北极研究机构之间的合作却是屈指可数。这一时期，日本国内的各个科研机构开始意识到国内同行之间进行合作的必要性。2008 年 11 月，日本国内相关机构共同召开了“第一届北极研究国际研讨会”，有将近 200 名国内外学者参加了此次会议。[①]

### （四）新时期：北极参与竞争激烈化

近年来，随着全球气温升高，北极冰川融化速度加快，北极的能源价值和航运价值日趋明显，越来越多的国家开始参与到北极事务中，北极竞争愈发激烈。为了在北极竞争中占据有利地位，日本北极研究已经不再局限于学术界和民间，日本政府也开始积极参与北极竞争。2009 年 4 月，日本开始申请成为北极理事会观察员国。2010 年，日本外务省成立了“北极事务小组”，计划从经济、安全、生态、国际海洋权益等方面全面研究北极。2012 年，安倍着手建立讨论北极航线安全的政治联盟。2013 年，日本政府各部门拨款研究北极航线的安全问题。2013 年 4 月，作为 10 年来首位访俄的日

① 陈鸿斌：《日本的北极参与战略》，《日本问题研究》2014 年第 3 期，第 2 页。

本首相，安倍在访俄期间与俄罗斯达成协议，发表联合声明，致力于推动两国在北极问题上进行合作。[①] 2013 年 5 月，日本获得了北极理事会观察员国资格。2013 年 11 月 11 日，日本外相岸田文雄于印度参加亚欧外长会议期间，与环北冰洋地区八国举行了首届外长会议。[②] 2015 年 10 月 16 日，日本制定了首个与北极相关的基本政策。[③]

## 二　日本参与北极事务的动因

作为北极域外国家，日本参与北极研究的热情和投入一点都不亚于北极国家，这主要归结于北极在未来呈现出来的潜在价值对日本具有巨大诱惑力。日本是典型的海洋岛国，缺乏资源，经济属于外向型经济，严重依赖海外市场，北极丰富的资源以及北极航线都对日本具有强烈的吸引力。此外，由于独特的地理位置，北极地区环境变化对全球气候的影响也使日本不敢在北极研究中置身事外。

### （一）北极丰富的自然资源储备

2009 年《科学》杂志公布的数据显示，北极冰层下的石油蕴藏量接近一亿吨，占世界未开发石油储量的 13% 。天然气储存量也高达 1550 万亿立方米，占世界天然气总储备的 30% ，其中 20% 属于低煤天然气。[④] 此外，除了石油、天然气以外 ，北极地区还蕴藏着丰富的稀有金属资源。根据美国和丹麦地理勘探局公布的资料，北极地区还储藏着丰富的煤、铜、镍、钨、铅、锌、金、银、钻石、锰、铬、钛等金属资源。[⑤] 此外，北极冰层还储备着大量的淡水资源。作为地球上最后一片净土，北极的渔业资源、生物

---

① 《日俄联合声明：二战至今两国未签署和平条约属异常》，央视网，2013 年 4 月，http：//news. cntv. cn/2013/04/30/ARTI1367280225708571. shtml。

② 庞中鹏：《日本关注北极与中国的应对之策》，《世界经济与政治》2014 年第 1 期，第 37 页。

③ 《日本制定首个北极相关基本政策》，人民网，2015 年 10 月 16 日，http：//world. people. com. cn/n/2015/1016/c1002 - 27706129. html。

④ Татьяна Анатольевна Ерёмкина. Геоэкономические интересы как фактор развития _ Арктической зоны Китай—Россия. Сборник Восточного центра. 2015г. страниц 66.

⑤ В. В . Карлусов . Арктика в системе глобальных приоритетов Пекина взгляд из россии. Международные отношения. 2011г . страниц 25.

资源等也都十分丰富。

“能源是日本经济、产业的生命线，其稳定供给是国家重要课题。”作为海洋岛国，日本的矿产资源异常匮乏，日本经济产业省统计的数据显示，日本国内已探明的矿产储备种类只有 12 种，但是日本对矿产资源的消耗量却位列世界首位。据统计，日本 95% 以上的有色金属都需要进口，其中 99% 的石油和铁矿石需要从国外进口，镍、锰、钛等比较稀有的金属甚至全部都需要从国外进口。[①] 可以说，离开资源进口，日本正常的社会经济发展根本就无法实现。国内资源储备无法确保日本能源安全，日本的进口市场同样也面临着危机。日本 80% 的石油进口来自中东地区。[②] 中东地区恐怖主义丛生，民族、宗教冲突严重，能源供应不仅安全很难保证，而且运输路途遥远，成本比较高。日本稀有资源进口主要来自中国，其中就单单稀土资源，日本对中国的依赖就高达 83%，而近年来，由于钓鱼岛争端及南海问题，日本与中国的关系也不尽如人意，日本能源的海外市场供应存在危险。而北极地区不仅运输路线较短，而且能源种类较多，储备丰富，能源供应的安全可以得到有效保障。可以说，北极给资源严重贫乏的日本带来了希望。基于维护国家安全、根本利益的考虑，日本必须确保本国在北极的参与度。

### （二）北极环境影响全球气候

日本是海洋岛国，全球气候变化对日本的影响比较直接。来自日本环境省的统计报告显示，如果全球气温升高不能得到有效遏制，那么到 21 世纪末，日本最高温度在 30 摄氏度以上的天数将会是现在的两倍，甚至可以达到三倍，6 月和 8 月雨季期间暴雨发生概率也将会大幅度上升。根据中国学者的观点，北极冰川融化将会淹没沿海地区土地，吞没耕地，影响气候，对国家的粮食安全产生消极影响。[③] 援引日本环境省的统计，如果全球气温持续升高，那么五十年后日本“越光”稻米将会减产一成，此外稻米的质量也会

① 徐衍坤：《日本全球矿产资源战略及储备制度简介（上）》，《金属世界》2008 年第 3 期，第 2 页。

② 李秀石：《解析日本“资源外交”》，《区域国别研究》2007 年第 11 期，第 58 页。

③ А. И. Лабюк. Политика КНР в Арактиком регионе государственные и коммерческие проекты. Россия и АТР. 2016г . страниц 99.

下降，柑橘、西红柿等农作物的糖分含量也会大幅度下降。[①] 除此之外，北极冰川融化，会导致海平面上升，从而直接淹没日本沿海城市。调查显示，海平面每上升一米，就会使日本 90% 的沙滩面临消失的危险，而当前日本国内的一半人口都居住在沿海城市，而且，这些地区还贡献了全国 80% 的商业销售额，为此，日本需要投入 10 万亿日元（约 826.5 亿美元）来改造港湾和堤防。[②]

北极是冷却地球大气和海洋的源极区域，北极和低纬度地区热源产生的温度梯度，与深水区驱动的地球海洋温盐环流对全球气候产生影响。北极也是对人为气候变化最为敏感的地区，如臭氧层、酸雨等。[③] 北极地理位置较为特殊，按照“蝴蝶效应”，北极气候的微小变动就会对全球气候产生重要影响。因此，对北极气候进行观测，总结并掌握气候规律，对保障日本农业生产的产量和质量意义重大。早在 1991 年，日本就在挪威的斯瓦尔巴德岛上建立了自己的北极考察基地，并对北极气候进行持续、全方位的观测。

### （三）北极航线安全、成本低

从地理角度来看，从东亚到欧洲，如果走北极航线，全线总航程大约为 14100 千米，只需 35 天，如果走马六甲海峡，途径苏伊士运河，那么航行路程至少为 15900 千米，多出 1800 千米，需要多航行两周时间，大大增加了运输成本。[④] 除此之外，从安全角度来看，北极航线沿线国家大都是发达国家，虽然北极国家内部存在领土争端矛盾，但是这些国家都致力于通过和平方式解决争端，而走马六甲海峡与苏伊士运河航线则须经过中东地区，该地区恐怖势力丛生，索马里海盗猖獗，存在巨大的安全风险。随着全球气温变暖，北极的冰川融化速度加快。资料显示，1978 年北极冰层覆盖面积大

① 《日本：气候变暖影响，岛国首当其冲》，《新华每日电讯》2007 年 2 月 4 日，http：//big5. xinhuanet. com/gate/big5/news. xinhuanet. com/mrdx/2007 - 02/04/content_ 5691875. htm

② 《日本：气候变暖影响，岛国首当其冲》，《新华每日电讯》2007 年 2 月 4 日，http：//big5. xinhuanet. com/gate/big5/news. xinhuanet. com/mrdx/2007 - 02/04/content_ 5691875. htm。

③ 日本国立极地研究所官方网站，2017 年 6 月 8 日，http：//www. nipr. ac. jp/aerc/e/research/index. html。

④ Л . В . Куликов . Арктическая стратегия россии и российско - китайские отношения в СМИ. Вестник СПБГУ . 2011Г. NO. 9. С . 252.

约为720万平方千米，截至目前，北极冰川已经大量融化，2005年北极冰川的总覆盖面积为530平方千米，到2007年已经下降到490万平方千米，而到2012年则只有360万平方千米，对比数据可以明显发现，近年来北极冰川融化的速度明显加快，按照当前冰川融化速度，专家预测，到2050年北极航线就可以开通。北极航线一旦开通，将会大大降低日本对外贸易成本，保障日本海外运输线安全。北极航线是世界上唯一一条没有被美国海军封锁的国际航线。[①] 美国通过在海外设立军事基地，牢牢控制着世界主要运输线路。北极航线却是一条相对比较安全的航线。因此，与其他航线相比，北极航线对日本更加具有吸引力。日本对北极航线的关注也远远早于其他国家，早在20世纪30年代，日本就已经开始在研究北极鲸群的名义下对北极航线进行秘密研究。此后，北极航线一直是日本北极研究的重要方面，经过长期研究，日本在此领域取得了一定成就。20世纪90年代，日本联合挪威和俄罗斯对北极航线进行了全面调研，并将调查结果撰写成《北极航道：连接欧洲与东亚的最短航道》，该报告获得了广泛好评，为日本的北极研究赢得了国际声誉。

## 三　日本参与北极事务的方式

鉴于北极重要的地缘、资源价值，日本一直保持着自己在北极地区的存在感和影响力。长期以来日本在北极刷存在感的方式也有所不同。起始阶段日本主要是借助于民间力量，利用非官方的身份，通过学术界和本国财团等参与北极事务。近年来，随着气候变暖、冰川融化，世界主要政治力量对北极的关注越来越多，北极竞争越来越激烈，此时，日本对北极的关注已经不再满足于财团和学术界，日本政府开始从幕后走向前台，开始借助于外交手段参与北极事务。

### （一）外交——参与北极事务的排头兵

战败后，日本意识到作为资源贫乏的岛国，妄图走与大陆国家结盟的道

---

① Ж. В. Петрович . Китай Республика Корея Япония в Арктике : политика экономика безопасность . Арктика и Север . 2016 г . NO. 24 С. 114.

路是行不通的，应该回归海洋国家价值观，维持好与海洋国家的关系。战后，美国对日本实施了占领，并将美国的民主、市场经济等价值观念带到日本，对日本进行民主改革。在美国的影响下，时任日本首相吉田茂为日本选择了“轻军备、重经济”的发展路线。在国内经济大繁荣背景下，日本对外贸易急剧增加，基于对外经济发展的需求，日本对海洋有了进一步的认同。吉田茂指出：“日本是一个海洋国家，日本在通商上的联系，当然不能不把重点放在经济最富裕、技术最先进、而且历史关系也很深的英美两国之上了。”① 此后，太平正芳、中曾根康弘等日本主要政治领导人都重申了日本海洋国家的身份认同。受此影响，日本国内掀起了海洋研究热潮，也相继出现了各种与海洋相关的研究成果。例如，日本防卫研究所于1967年和1978年先后推出的《海洋战争论参考》《新海洋法秩序与日本安全保障》，以及曾村信保的《世界之海：近代海洋战略的变迁》《海洋与国际政治》等。② 受海洋研究热潮的影响，日本对北极的研究也保持着浓厚的热情。近年来，随着全球气候变暖、北极冰川融化速度加快，北极研究全球化趋势日趋明显，日本也开始将本国的海洋战略方向转向北极。2012年4月，日本政府公布了《日本北极会议报告》，该报告阐述了北极对日本的战略意义以及日本的应对政策。③

除了将北极研究纳入本国的海洋政策之中外，日本也积极将争取与北极国家的合作纳入本国外交活动中。北极理事会是一个致力于北极研究的政府间高级论坛，由八个北极国家于1996年在加拿大渥太华成立，是当前最为权威的负责北极事务的国际组织。④ 2009年，日本向时任北极理事会轮值国挪威提交了入会申请，这标志着日本不再满足于在北极进行科研，而是希望增强日本在北极地区的政治影响力。2010年9月，日本政府专门成立了“北极工作组”，专门致力于增强日本在北极地区的政治影响力；2013年，日本政府甚至专门设立了北极担当大使一职；5月，日本正式成为北极理事会观察员国。

---

① 高兰：《日本海洋战略的发展及其国际影响》，《外交评论》2012年第6期，第57~58页。

② 初晓波：《身份与权力——冷战后日本的海洋战略》。

③ 秋山昌光：《北极海域的管理体制》，《日本北极会议报告》，2012，第123页。

④ 李伟芳：《东亚主要国家与发展中的北极理事会关系分析》，《国际展望》2010年第6期，第82~83页。

在北极研究与开发中，日本始终致力于建立与北极国家相互合作、互惠互利的外交关系。日本积极参与北极国家的北极研究项目，与挪威、美国、俄罗斯、加拿大等国都保持了长久合作。除了北极国家外，日本也试图与北极域外国家在北极研究方面开展合作。除了日本外，同为东北亚国家的中国和韩国也积极参与北极事务。[①] 在2012 年的《日本北极会议报告》中，日本提出了与中国和韩国在北极事务中进行合作的构想。

### （二）科技——参与北极事务的软力量

日本试图利用科技方面的优势，在北极可持续发展中发挥主导作用。[②] 负责极地观测的日本文部科学省海洋地球课表示：日本要独立进行观测，就必须讨论建造自己的破冰船，以提升在北冰洋的影响力。[③] 1981 年，日本钢管公司开始动工建造日本第一艘破冰船，1982 年日本首艘破冰船——“白濑”号正式服役。为了将“白濑”号打造成全球最先进的破冰船，日本在船上特别安装了 ORN6 战术导航系统，这种雷达系统只有在美国、俄罗斯的航母等大型军舰上才有，就是日本国内的战舰也甚少安装。此外，考虑到北极地区复杂的通航条件，针对北极航线的不安全航行期，日本还着手建造了无人船舶。然而，日本并没有满足于“白濑”号破冰船，据日本共同社消息称，位于东京的海洋政策研究财团计划携手日本国土交通省和文部科学省成立项目小组，就新建破冰船展开具体讨论，预计耗资将会达到数百亿日元。[④] 科技是北极域外国家参与北极事务的“软力量”，日本始终将科技视为其参与北极竞争的重要筹码。

基于海洋国家的身份认同，日本对本国海上军事力量建设也十分注重。在强大的经济实力支撑下，经过半个多世纪的努力，现在日本海上自卫队已

① 王晨光：《中日韩北极合作：动力、阻力及构想》，《和平与发展》2015 年第 3 期，第 65 页。

② 李晗斌：《东北亚国家北极事务合作研究》，《东北亚论坛》2016 年第 5 期，第 120 页。

③ 《日本拟耗资数百亿建北极观测船　或争夺北冰洋资源》，新华网，2014 年 1 月 26 日，http：//news. xinhuanet. com/world/2014 -01/26/c_ 126061998. htm。

④ 《日本拟耗资数百亿建北极观测船　或争夺北冰洋资源》，新华网，2014 年 1 月 26 日，http：//news. xinhuanet. com/world/2014 -01/26/c_ 126061998. htm。

经成为一支具有世界一流反潜、护航以及扫雷能力等远洋作战能力的海上武装力量，目前日本海上自卫队总武装兵力达到两万人，并且装备有大中型舰艇76艘，其中包括水陆两栖登陆舰、驱逐舰、潜艇、后勤辅助舰，以及各种舰载飞机。[①] 2014年7月，日本通过修改宪法解禁集体自卫权，这就为日本海上武装力量走向世界开出了一张通行证。虽然日本目前只着眼于东亚，但只要具备了实力，未来当北极争夺日益激烈化的时候，日本以盟国——北极大国美国为依托，追随美国，将军事力量延伸到北极护航并不是没有可能。因此，日本现在的军事科技与政策准备，也是日本未来参与北极事务的潜在软实力。

### （三）民间——参与北极事务的内在活力

日本素来就有官产学结合、官民一体的传统，在研究海洋问题、制定海洋战略时，日本政府也非常注意依靠权威专家，做到政府、学术界、经济界乃至军界的广泛参与。[②] 1921年，日本研究人员第一次进入北极进行科学考察时乘坐的船只——“鹏丸”号就是民用商船。日本对北极政策的研究，最早也是开始于日本的一些大学。其中日本北海道大学是比较早开始研究北极、参与北极观测的日本大学。日本的海洋政策基金会也对北极给予了较大关注，该机构是日本比较权威的民间智库机构之一，得到日本笹川和平财团以及日本最大的私人基金日本财团的资助，该机构对北极的关注更多是对北极航线的研究。[③] 日本一些企业也对北极航线和北极的资源充满了期待。日本石油天然气和金属矿物国家公司也将北极作为主要的市场方向，并取得了开发格陵兰项目的许可证，该公司还与美国、英国、俄罗斯等国家的石油公司在勘探北极石油方面进行了合作。[④] 日本民间非官方组织、机构对北极的关注，为日本参与北极事务提供了内在活力和持久动力。

---

① 曾光强、冯江源：《略论日本海洋战略及其对中国的影响》，《日本问题研究》2006年第2期，第42页。

② 修斌：《日本海洋战略研究的动向》，《日本学刊》2005年第2期，第43～44页。

③ 「笹川平和財団」，2017年6月9日，https：//www. spf. org/opri - j/projects/project - list/index. html。

④ 「独立行政法人石油天然ガス・金属鉱物資源機構ナ」，http：//www. jogmec. go. jp/library/recommend_ library_ 10_ 000166. html。

## 四 日本参与北极事务的制约因素

北极对日本具有巨大的吸引力，日本也通过官方的外交努力以及非官方的方式，将科技投入作为参与北极的软实力，日本也成为当今世界北极事务研究中不可或缺的重要参与者。但是，日本参与北极事务也存在一些制约因素。

### （一）恶劣的自然环境

北极地区人口稀少，气候寒冷。北极大部分时间都是冬天，从每年的11月一直持续到来年4月，时间长达6个月，而且有半年的时间完全看不到太阳，温度最低会下降到零下50摄氏度。永久冻土、崩塌、泥石流、雪崩、洪水（春秋季）、冰灾、暴风雪，北极地区也是自然灾害多发的地区。在俄罗斯的北极领土，每年至少会发生100起自然灾害。[①] 而且，北极地区基础设施建设不完善，交通系统比较薄弱。北极航线的冬季休航时间比较长。严酷的自然环境以及薄弱的基础设施，都对北极地区的科研及开发制造了大量障碍，也是人类开发北极的重要制约因素。

### （二）大国因素

冷战结束后，虽然美苏对峙格局已经结束，但是美国和俄罗斯在北极地区的二元竞争并未彻底消失，美俄两国依旧是影响北极地区格局变化的两支重要力量，基于此种考虑，日本的北极战略采取大国模式，将与美国和俄罗斯的合作作为北极合作的重要方面。

日美同盟关系是日本外交政策的基础，日本的对外政策在很大程度上受到美国的制约，美国与其他国家关系的变化会对日本与该国的关系产生重要影响。其中，美国与俄罗斯的对峙有时候会影响到日本与俄罗斯的合作。例如，2012年乌克兰危机后，日本追随美国对俄罗斯进行制裁，致使缓和的

① И . А. Веселов . Система комплексной безопасности населения и территорий арктической зоны Российской Федерации . Вопросы безопасности и стратегической стабильности в арктике. С . 303 – 307.

日俄关系再次陷入僵局，严重影响了两国的合作。在北极竞争中，俄罗斯是最大的北极国家，在北极问题上一直表现出强硬的态度，2007 年 8 月 2 日，俄罗斯科考队员乘深海潜水器，从北极点下潜至深达 4000 多米的北冰洋海底，并在海底插上了一面钛合金制造的俄罗斯国旗。[①] 此外，近年来，俄罗斯还组建了北极战略司令部。俄罗斯在北极的一系列动作强烈地刺激着其他北极国家，尤其是美国，如果美俄两国在北极地区的竞争激烈化，那么作为美国盟友的日本势必要在两个国家之间选边站。日本在参与北极事务中非常注意北极国家的利益，将自己的北极参与建立在与域内国家的共同利益基础上。日本寄希望于利用俄罗斯的科技与军事保障日本的安全利益。但是，俄罗斯则希望中日在北极投资方面形成竞争。因此，北极大国之间的矛盾及其对日本的态度都会对日本的北极参与形成制约。

### （三）中韩竞争

当前北极全球化特征日趋明显，中国、韩国等国家都开始积极参与到北极事务中。其中，中国是日本最为强劲的竞争者。中国参与北极研究要远远晚于日本，中国对北极地区的研究要追溯到 20 世纪 90 年代。1994 年，中国首艘破冰船“雪龙”号正式投入使用；1996 年，中国正式加入北极国际科学委员会；1999 年至今共进行了七次北极海洋综合考察；2004 年，中国在北极建立了首座科考站——黄河站；2007 年 9 月，中国在上海浦东的外高桥建立了世界上第一个极地科考船专用码头，可以供 3000 ~ 20000 吨级的船舶停泊。[②] 2005 年，中国还承办了北极科学高峰周会议；[③] 2013 年，中国正式成为北极理事会观察员国。2013 年，由中国极地研究中心主导的国际合作团队，首次揭开了“等离子体云块”的神秘面纱，该项研究成果发表于美国《科学》杂志，是中国极地研究的重大科学成果。[④] 由于中国在极地研究中取得了重大成就，北极国家也将中国视为重要的合作伙伴。截至目

---

① 《专家称俄罗斯在北极插旗意味着世界重新分配》，凤凰网，2007 年 8 月 3 日，http：//news. ifeng. com/world/Europe/detail_ 2007_ 08/13/1198806_ 0. shtml。

② A . O . 巴拉尼科娃：《中国北极政策的现状与前景》，陈秋杰译，《俄罗斯学刊》2012 年第 2 期，第 25 ~ 26 页。

③ 唐国强：《北极问题与中国的政策》，《国际问题研究》2013 年第 1 期，第 22 ~ 23 页。

④ 《中国极地研究中心》，2013 年 7 月 16 日，http：//ccmpe. chinare. org. cn/detail/content. aspx? id = 3b66e17e - 0280 - 45e3 - a0d5 - 6db505e4c391。

前，中国与挪威、冰岛、丹麦、芬兰、瑞典、俄罗斯、加拿大等北极国家都保持着良好外交关系。冷战结束后，挪威、冰岛、丹麦、芬兰等北极小国的战略地位下降，它们希望将政治大国中国拉进北极，并将中国视为它们与北极大国抗衡的砝码，从而提升自身的政治影响力。① 而中国的这些优势都是日本所不能比的，因此，中国参与北极事务研究在很大程度上对日本构成了竞争压力。除了中国外，近年来，韩国也积极参与北极事务，并且于2013年也成为北极理事会观察员国。在俄罗斯学者看来，韩国是俄罗斯北极合作的主要对象，韩国也致力于在北极开发中推广自己的产品——船只。② 因此，韩国在资本、技术等方面也会对日本构成竞争压力。届时，北极国家会面临在北极投资方面中日韩三国竞争的局面，这会增加日本参与北极事务的难度。

## 五　结语

北极是一块巨大的、未经开发的利益蛋糕，日本对北极的开发由来已久，经过将近一个世纪的发展，日本在海洋生态、自然资源、气候变化、北极航线等方面都取得了一定的成果。随着时代的发展，不同的时代，日本对北极事务参与呈现出不同的特点，当今全球气候变暖加速，北极冰川融化速度加快，世界主要国家对北极的关注有增无减，北极全球化趋势日趋明显，参与北极事务的竞争更加激烈。今后，基于特殊的国情，日本政府会以日美同盟为基础，在坚持“大国模式”的同时，继续开展外交努力，保持并扩大与北极国家的合作，增强日本在北极事务中的话语权与政治影响力，为日本企业以后参与北极能源开发、安全利用北极航线保驾护航。基于经济利益考量，日本民间企业、财团对北极研究也会继续保持热情，日本企业在北极的参与度也会提高。然而，面对来自同为域外国家的中国、韩国的竞争，日本会在竞争中寻求合作，与这些国家一起承担风险，共同应对北极严峻的自然环境考验。

---

① А . К. Криворотов . Арктическая активизация Китая взгляд из Скандинавии. Международные отношения . 2013Г. С158 – 186.

② Ж. В. Петрович . Китай 、Республика Корея 、Япония в Арктике : политика экономика безопасность . Арктика и Север . 2016 г . NO. 24 С. 123 – 125.

在北极开发中，日本的经验是值得我们借鉴的。首先，日本将对北极的科技成果作为参与北极事务、扩大在北极影响力的“软实力”，同为北极域外国家，在缺乏领土依托的条件下，掌握核心科技就意味着掌握开发北极的话语权，因此，我国应该继续对北极科技研发进行投入。其次，在与北极国家交往时，日本非常注意北极域内国家的利益，将自己的北极参与建立在与域内国家的共同利益基础上。这也是日本能够与北极国家持续、长久合作的重要因素。因此，中国作为域外国家参与到北极事务中，要想实现利己，必须以利他为前提。最后，在日本参与北极事务中，企业、大学、智库、财团等非官方机构发挥了重要的引导与参与作用，为日本参与北极事务提供了智力与财力保障，成为日本北极研究持续有效进行的内在活力，我国在北极开发中也应该注意调动非官方力量，以方便我国更好地参与北极事务。

## Japanese Foreign Policy Options and Its New Developments in the Arctic Affairs

*Gao Ke*, *Zhang Tingting*

**Abstract**: Global warming causes rapid melting of Arctic glaciers. In the age of economic globalization, the Arctic's rich resource reserves and potential shipping value are attracting attentions from various countries. Among these countries, Japan was one of the earliest participating in Arctic research programs outside the region. For a long time, Japan's Arctic strategy is adhered to "Great Power Mode" policy which based upon US-Russian cooperation, uses capital and technological development as soft power to participate in the Arctic, and made some corresponding achievements. At present, China does not have a clear Arctic policy. Researching on the Japanese experiences participating in the Arctic affairs has a good reference to China's Arctic policy-making.

**Keywords**: Japan; Arctic; Great Power Mode; Soft Power

# 试析日本安倍政府的北极政策

王箫轲*

【内容提要】随着北极融冰加快，其带来的生态、经济和政治影响更加明显。日本在安倍政府提出的“积极和平主义”理念下，凭借多年积累的北极科考经验，加快了进军北极的步伐，正式出台了北极政策。究其原因，在于北极气候变化的直接影响、北极航道的航运价值、北极资源的开采机遇以及北极竞争带来的政治博弈。安倍政府的北极政策提出后，日本将加大对北极的科考投入，观测和保护北极生态；将积极利用北极航道、参与北极资源开采，实现可持续发展；将在国际法框架下推动多边和双边的国际合作，并保持对北极安全问题的持续关注。日本北极政策的出台和推进也面临国内外的制约因素，其持续推进取决于持续的资金投入、有效的国内整合以及成功的国际合作。

【关键词】积极和平主义　北极航道　资源开采　生态保护

日本自安倍政府上台之后，加快了参与北极开发的步伐。2013 年，日本正式成为北极理事会观察员国。2015 年 10 月 16 日，安倍亲自主持召开了综合海洋政策本部会议，此次会议出台了日本历史上首个北极开发基本政策。安倍在会议上表示，“日本作为北极问题的主要参与者，将进一步推进

* 王箫轲，吉林大学东北亚研究院副教授，吉林大学日本研究所研究员，研究方向为国际政治。

具有优势的科技强项，有必要在国际社会围绕北极的活动中积极发挥主导性作用”。[①] 2016 年安倍在访问俄罗斯、芬兰等北极圈国家时，都将北极合作纳入会谈的议题当中。可以说，自安倍执政以来，日本的北极政策已经成型，并在其所谓的“积极和平主义”“俯瞰地球仪外交”等理念、框架下逐步实施。而在参与北极事务方面，日本在地理位置、利益需求、参与方式等方面都与中国存在类似之处，分析近年来安倍政府的北极政策，不仅有助于把握日本的政策走向，而且也能为中国提供借鉴，为中日两国在北极事务上的合作提供思路。

## 一 安倍政府提出北极政策的背景

日本谋求参与北极事务由来已久，安倍政府提出和推行北极政策有着特定的背景。就大的国际环境来看，北极融冰更加明显，其带来的气候变化、航道利用以及资源开发等课题更加紧迫。就日本自身而言，其长期在北极开发中积累的丰富的科考和技术经验，为其践行北极政策奠定了基础。而就安倍政权而言，其对外政策奉行所谓的“积极和平主义”，更加积极、主动地参与国际事务，全力实现日本的“大国”目标。这三个因素的结合，是安倍政府推出北极政策的主要背景。

### （一）北极融冰带来的影响更加明显

北冰洋上覆盖的大多数海冰自 2005 年以来加速融化，2015 年达到了有卫星观测记录以来的最低水平。[②] 尤其是在夏季，北冰洋上海冰的面积几乎是在逐年缩小，在过去三十多年时间里几乎减少了 1/3。[③] 联合国政府间气候变化专门委员会认为，自 1979 年以来，北极地区海冰面积每十年就下降 3.8%，到 21 世纪后半期夏季北冰洋的海冰或将完全消失。[④]

---

① 《综合海洋政策本部》，平成 27 年 10 月 16 日，http://www.kantei.go.jp/jp/97_abe/actions/201510/16kaiyo.html。

② 《北极海冰层面积历史新低：全球变暖恶化》，《参考消息》2015 年 3 月 22 日。

③ “Arctic Sea Ice Extent,” https://nsidc.org/arcticseaicenews/.

④ 《北冰洋海冰面积今冬创最小记录》，人民网，2015 年 3 月 23 日，http://env.people.com.cn/n/2015/0323/c1010-26735776.html。

北极冰川加速融化带来的影响是显著的和多方面的。在气候方面，海冰不仅存储了大量的淡水资源，而且能够反射90%的太阳辐射。海冰融化不仅显著影响大洋环流，导致海平面上升，还会吸收更多的太阳辐射，从而加剧全球气候变暖。这种变化的影响是全球范围的，但对海洋国家的影响显然更加明显。在航运方面，20世纪80年代，万吨级常规动力破冰船在北极东北航道上，适航期一般不超过10天；2012年，适航期则长达3个月。2013年以后，在没有破冰船的协助下，一般的远洋货轮甚至可以在夏季独自穿越北极航道。[①] 而北极航道与经由苏伊士运河的航道相比，亚洲和欧洲之间的航行距离将缩短约40%，具有非常大的开发价值，尤其是对于日本这样的国家而言。

气候和航道情况的变化，再加上北极资源开采技术的进步，使围绕北极进行的国际竞争更加激烈。对于北极国家而言，冰层的消融使这一地理屏障逐渐消失，国家安全将会面临新的挑战。再加上资源开采的竞争，俄罗斯、加拿大、美国、丹麦、挪威等北极国家纷纷开始在北极"圈地"，并加强在北极地区的军事存在和资源开采。如加拿大（2009）、丹麦（2009）、俄罗斯（2014）相继组建北极部队或北极司令部，美国也在2013年接连出台了《北极地区国家战略》《海岸警卫队北极战略》《国防部北极战略》。而中国、印度、法国、德国等国家也加强了对北极事务的参与，日本自然也不甘落后。

## （二）日本参与北极事务的历史进程

日本并非北极国家，但作为海洋国家和地理上接近北极的国家，其很早就开始关注北极事务。早在20世纪50年代，就有日本的科学家参与了冰岛的北极观测项目。70年代，日本成立国立极地研究所，主要关注北极的气候、环境问题。80年代，日本与苏联在西伯利亚和萨哈林联合进行了开辟北极航道的调查研究。90年代以后，日本对北极的科考、研究更加全面和活跃。国立极地研究所成立了北极圈环境研究中心，并在斯瓦尔巴德岛上建立了与挪威共同使用的尼奥尔森观测站，从事以北极海冰为中心的大气、海

---

① 《北极融冰加速到底有多糟？来自中国海冰科学家的最新报告》，《新华每日电讯》2016年10月14日。

洋环境变化状况方面的观测。1993~1995年、1997~1999年，日本海洋政策研究财团与挪威的南森研究所以及俄罗斯中央海洋船舶设计研究所共同发起、实施了“国际北极航道开发计划”，14个国家、390余人对北极航道进行了首次整体性研究。

2002~2006年，日本再次开展了“关于推动北极航道与寒冷海域安全航行体制”的科考、调研活动，对利用北极航道做出了超前努力。[①] 2009年7月，日本第一次向北极理事会提出成为正式观察员国的申请。2010年9月，日本外务省设立北极任务工作组。2011年5月，日本文部省设立北极环境研究共同体，召集各领域专家研究北极的气候、气象、水产、资源以及海冰变化对航道的影响等课题。2013年3月，日本外务省又设立了北极担当大使一职；4月，日本综合海洋政策本部修改了2008年的《海洋基本计划》，首次增加了北极相关事项；5月，日本正式成为北极理事会观察员国。

### （三）安倍政府的“积极和平主义”外交

安倍第二次上台后，极为重视并积极宣扬和践行“积极和平主义”，使之正式上升为日本外交和安全战略的指导理念。“积极和平主义”称“什么都不做却高喊和平的做法为伪和平主义”，进而主张日本应转向“什么都可以做的积极和平主义”。2013年10月12日，安倍晋三在首相官邸召开旨在制定“国家安全保障战略”的专家座谈会首次会议，要求从“基于国际协调的积极和平主义”立场出发，讨论这一将成为日本外交和国家安全综合性指导方针的战略。而随后出台的《国家安全保障战略》明确将北极航道问题列为日本面临的国际公共产品风险之一，即“北冰洋新航路的开拓和资源开发等的可能性增大，因此国际社会希望各国在国际规则之下协作推进这些课题，但同时这些问题有可能成为导致国家间新摩擦的因素”。[②] 为了应对这些风险，日本的首要选择是“提升与增强自身的能力和作用”。

在以“积极和平主义”为外交理念的同时，安倍还提出了“俯瞰地球仪外交”的口号。其提出，“外交的基本方针，不是只关注与周边各国的双

---

① 陈鸿斌：《日本的北极参与战略》，《日本问题研究》2014年第3期，第1~2页。

② 日本《国家安全保障战略》全文（上），http://home.cetin.net.cn/cetin2/servlet/cetin/action/TemplateAction? type=home。

边关系，而是要像注视地球仪那样俯瞰整个世界，立足于自由、民主主义、基本人权、法制支配等基本价值观，开展战略性外交”。[①] 按照这一构想，安倍开展了频次空前的外访活动。到2016年底，安倍共访问了106个国家和地区，创造了二战后日本首相出访次数之最。[②] 安倍政府大力推进“俯瞰地球仪外交”，客观上为更积极地参与北极事务、加强北极事务的国际合作提供了平台，安倍几乎遍访了北极理事会成员国，以及英国、法国、波兰、意大利等北极理事会观察员国。

## 二　安倍政府提出北极政策的动因

在上述背景下，北极与日本国家利益的相关性越来越显著。从更加具体的原因来看，北极融冰带来的生态挑战、航道开发、资源开采等直接涉及日本的切身利益，而由此带来的国际竞争加剧则进一步加剧了日本出台北极政策的紧迫感，这些因素共同促使日本最终出台了其首份北极政策文件。

### （一）北极融冰带来的生态挑战

北极融冰带来的生态影响是全球性的，但这种影响显然不是平均“分配”到每个国家的。对于日本而言，如果南北极的冰川继续加快融化，其沿海低地平原将会面临被淹没的危险。而根据联合国政府间气候变化专门委员会发布的报告，预计到21世纪末全球平均海平面最高将升高82厘米。[③] 而这种情况下，东京将不复存在。因此，跟踪研究北极（以及南极）的融冰对日本来说至关重要。而且，日本处于环太平洋地震火山带上，海平面上升极有可能引发强烈的地壳运动，导致日本的火山活动增多。此外，北极地区的融冰已经直接影响到了日本的气候。日本国立极地研究所的研究报告指出，北极与中纬度地区存在明显的气候联动现象，北

---

① 「第百八十三回国会における安倍内閣総理大臣所信表明演説」，平成25年1月28日，http://www.kantei.go.jp/jp/96_abe/statement2/20130128syosin.html。

② 《日“俯瞰地球仪外交”舍本逐末》，《人民日报》（海外版）2017年3月16日。

③ 《联合国报告：本世纪晚期海平面上升29至82厘米》，http://www.chinanews.com/gj/2013/08-21/5188273.shtml。

极海冰的融化是导致日本冬季暴雪天气增多的重要原因。[①] 因此，跟踪研究已经不能满足日本应对北极环境变化的需求，加强北极的生态保护急需日本在外交层面有所作为。

## （二）北极航道带来的航运价值

日本是世界上最大的贸易国之一，因此高度关注北极航道的航运价值。从日本经过北冰洋前往欧洲的航线，与途径苏伊士运河的传统航线相比，航程将缩短40%且不会遭遇海盗，北极航道的开通将大幅缩减日本航运的物流成本。而随着北冰洋海冰的融化，近年来北极东北航道通航时间不断增加，7～8月普通货轮都可以顺利通航。2011年，通过东北航道的商船有36艘；2012年达到46艘；2013年突破71艘。[②] 目前，北极东北航道西段已经可以全年通航，东段依然只有夏季通航，通行时间最多5个月。但随着气候变暖加剧，每年通航时间可增加到8个月。[③] 目前日本的海上运输严重依赖西太平洋航线，开辟新的运输渠道无疑对日本的经济安全具有重要意义。而随着北极航线利用价值继续上升，日本海也会成为更重要的海上通道，日本各大港口必然会迎来重大利好。

## （三）北极资源带来的开采机遇

北极地区丰富的资源储备也是日本出台北极政策的重要动因。北极地区石油、天然气、煤炭等能源储量巨大，铁、镍等矿产资源也十分丰富。而随着开采技术的进步和北极航线的开发，对这些资源的开采也成为可能，商业价值不断上升。2011年日本福岛核电站事故发生后，液化天然气占日本能源供应的比例上升。2012年12月，日本首次利用北极航道运输货物就是运输液化天然气。俄罗斯的“鄂毕河”号LNG（液化天然气）货轮从挪威北部港口哈默菲斯特经过北极航线驶抵北九州，为九州电力公司提供了13.5

① 『急変する北極気候システム及びその全球的な影響の総合的解明：GRENE北極気候変動研究事業2011～2016成果報告書』、4頁，http：//www.nipr.ac.jp/grene/doc/grene-seika-j.pdf。

② 《北极航道亮出中国“名片”》，《中国水运报》2014年12月26日。

③ 《穿越北极的海上捷径》，http：//news.ifeng.com/gundong/detail_2013_10/27/30692207_0.shtml。

万立方米液化天然气作为发电燃料。[①] 2013 年，日本最大的石油勘探公司日本国际石油开发株式会社和日本最大的石油公司 JX 控股公司旗下的上游子公司与其他 3 家能源开发公司组建了“格林兰石油勘探公司”，该公司与美国雪佛龙公司、荷兰皇家壳牌公司和格陵兰岛当地的一家公司一起通过招标获得了格陵兰岛的两个石油勘探区块。[②]

### （四）北极竞争带来的政治博弈

冷战时期，北极曾是美苏争霸的重要场所，战略轰炸机的空中巡航、核潜艇的海底游弋从未中断过。冷战结束后，美俄关系相对缓和，北极地区在安全领域的重要性一度被削弱。但随着北极融冰的加快，北冰洋水域的资源开发、航道利用等价值逐渐凸显，北极地区的地缘政治价值上升，相关国家之间呈现出新的博弈关系。日本也注意到了这一现象，尽管日本防卫省倾向于认为北极局势陷入紧张状态的可能性较低，但依旧给予了重视。在 2014 年《防卫白皮书》中，日本防卫省专门列出了“关于围绕北冰洋安全保障的动向”一节，其中指出，北冰洋沿岸各国确保北冰洋资源开发、航道利用、海洋边界划定及大陆架延长等权益的动向变得活跃，还表现出为维护本国权益加强军事力量的新动向。日本认为，一直以来北极圈就是战略核力量部署及运输的重要通道，海冰的减少更加延长了海上舰艇的可航行期，从而使其战略重要性更加突出，应当对此加以重视。另外，随着中国、韩国以及俄罗斯远东地区将来更加频繁地使用北极航线，对马海峡、宗谷海峡、津轻海峡及房总海域作为航线的入口，地缘政治价值必然上升，也必然会引起日本的关注。

## 三　安倍政府北极政策的主要内容

北极的变化直接关系到日本的切身利益，日本认为北极环境变化带来的

① 本村真澄：《北极地区的能源资源与外国的作用》，日本国际问题研究所：《北极治理与日本的外交战略》，2013，第 13 页，转引自陈鸿斌《日本的北极参与战略》，《日本问题研究》2014 年第 3 期，第 7 页。

② 《日本公司将首次参加北极石油勘探项目》，http：//www.sinopecnews.com.cn/news/content/2013－12/30/content_ 1365482.shtml。

政治、经济和社会影响是全球性的，其带来的机会和议题也吸引着全球的关注。“日本需要同时认识到北极开发的潜力和北极环境的脆弱性，以日本先进的科技为基础推行富有远见的政策，在国际社会中，在北极的可持续发展中发挥主导作用。”[①] 综合看来，安倍政府的北极政策主要包括以下几方面内容。

### （一）环境、科技领域

安倍政府提出要充分利用日本在科学技术方面的优势，加强对北极环境的监测和生态系统的保护。日本是较早进行北极科考和研究的国家，是第一个在北极建立观测站的非北极国家，也是第一个加入国际北极科学委员会的非北极国家。日本多年积累的观测数据和科研成果成为了解北极地区环境变化的重要资料，而且日本在卫星监控、陆海监控、计算机模拟等领域也处于国际领先水平。因此，安倍政府的北极政策提出后，日本应充分发挥其优势，加强在与其利益攸关的北极环境问题方面的研究，明确北极变暖的机制及其对全球的影响，预测未来的变化，以及研究人类活动与北极变暖之间的相互影响，并为日本和其他国家、国际组织提供解决问题的方法和选择。[②] 在具体政策的推进方面，安倍政府提出，日本将会进一步加大财政投入，研发先进的观测仪器，修建更多的观测站、观测船来加强观测；构建由多所大学和研究机构共同参与的研究网络，共享研究的基础设施和数据，促进跨学科协作；培养更多的研究人员；等等。[③]

### （二）经济、社会领域

北极航线对于日本的重要性毋庸置疑。尽管考虑到海冰条件、沿线港口和其他基础设施的使用，以及沿海国家的服务和法规的现状，北极航线并非安全可靠，但日本认为“考虑到多样化的运输路线的重要性，私营部门和政府应该共同努力，使这条线路的未来潜力得到认真考虑”。安倍政府提

① 『我が国の北極政策』総合海洋政策本部、2015、1頁。
② 『我が国の北極政策』総合海洋政策本部、2015、2~3頁。
③ 『我が国の北極政策』総合海洋政策本部、2015、6頁。

出，一方面日本应该积极参与有关北极航行国际规则的制定，另一方面要加强关于北极航行安全方面的技术研发。此外，安倍政府还对北极资源的开发表现出浓厚的兴趣，同样是从“持续的、多样化的资源供给的角度”，提出在“考虑海洋冰区资源开发技术的进展、与沿海国家的合作关系以及私营部门需求等因素的情况下，在中长期内逐步解决资源（包括海洋生物资源）开发问题”。[①] 此外，日本还提出，北极原住民更容易受到北极环境变化和经济活动的影响，应当在保护传统文化和生活方式的基础上，保护原住民的利益，实现可持续发展。

在具体推进路径上，安倍政府提出，应当通过组织企业参观北极、参与北极经济委员会等方式支持日本企业在北极谋求更多的商业机会；将政府掌握的关于北极气象、水文以及其他方面的科研数据用于支持日本航运公司和其他企业利用北极航线；继续为格陵兰石油勘探公司提供资金支持，支持其参与格陵兰东北海域的油气勘探项目；尝试建立一个多边参与的北极海洋生物资源保护和管理机制，以期实现可持续利用。

### （三）政治、安全领域

日本作为一个非北极国家，参与北极事务时必然强调国际合作。因此，安倍政府的北极政策特别强调基于国际法的国际合作，强调北冰洋和其他海域一样受到国际海洋法的约束，航行自由原则和国际法的其他原则必须得到尊重。[②] 同时，日本也注意到北极航线的开通和自然资源的开发等因素可能会成为各国之间新的摩擦的原因，提出要防止在该地区加强军事存在，以防止局势紧张和冲突。因此，安倍政府的北极政策明确表示，在北冰洋“冰雪覆盖的区域”，有必要与沿海国家合作，确保航行自由与安全之间的平衡，以及根据国际法的原则处理各种争端和新出现的问题。在具体的推进路径上，安倍政府要求日本适当参与制定有关北极的国际协议和规则，加大对北极理事会和其他北极事务多边活动的参与，扩大与北极国家和其他有关国家的双边合作。[③] 在安全保障方面，安倍政府的北极政策指出，“在充分关

---

① 『我が国の北極政策』総合海洋政策本部、2015、4~5頁。

② 『我が国の北極政策』総合海洋政策本部、2015、6頁。

③ 『我が国の北極政策』総合海洋政策本部、2015、7頁。

注相关国家动向的同时必须推进与北极圈国家的合作”，并专门提到了与美国的合作。[①]

## 四 安倍政府北极政策推进的前景

2017 年 7 月，安倍晋三访问了瑞典、丹麦和瑞典三个北极国家，商讨了在北极资源开发上合作的事宜。而此前，安倍与俄罗斯总统普京的几次会晤也商讨了相关的北极事务。可以说，安倍政府正在一步步地践行其的北极政策。综合来看，在北极开发的大趋势下，日本已经有了一定的科技基础和政策规划，必然会占有一席之地。不过，日本也面临一些挑战。

首先是日本能否对北极开发进行持续、大规模的资金投入。日本的经济状况近年来持续低迷，严重的人口老龄化极大地限制了政府的财政开支。这就使日本政府在参与北极开发这样需要长期大规模投入的项目时，显得力不从心。目前，日本只有归属海上自卫队的破冰船“白濑”号有能力担负北极科考任务，但根据日本宪法该船仅能作为日本南极考察之用。[②] 2014 年 1 月，日本海洋政策研究财团与日本国土交通省、文部科学省联合成立项目小组，讨论新建破冰船事宜。但到目前为止，这一项目依旧没有落实。相比之下，中国已经在 2016 年底开始兴建新的极地破冰船。财力的短缺既是日本财政支出的问题，也是日本国内政治的问题。在小泉之后，安倍第二次执政之前，日本国内政局更迭频繁，没有哪个政党和政治人物会优先和重点考虑不涉及支持率的北极问题。安倍第二次执政之后虽然对北极事务更加重视，但也没有足够的预算支持更大规模的投入。

其次是日本国内能否整合相关机构，形成推进北极政策的合力。日本虽然是一个传统的海洋强国，但国内涉及海洋事务的管理部门却纷繁复杂、不成系统，更缺少针对北极事务的相关部门。日本海洋事务在制度上归国土交通省管理，但仅有的一艘极地破冰船却隶属于海上自卫队，具体的科考工作又由文部科学省承担，相关的北极国际合作则由外务省国际法

---

① ニュース「北極海航路、資源開発にも積極関与　北極政策決定」，2015 年 10 月 19 日，http：//scienceportal. jst. go. jp/news/newsflash_ review/newsflash/2015/10/20151019_ 01. html。

② 武井良修「北極海を管理するのは誰か？ —国際法の視点からの回答」『海洋政策研究』9 月号、2011 年、77 頁。

局国际法课的“海洋室”分管。2007 年，安倍政府成立了海洋政策综合本部，由安倍亲自担任本部部长。但是这一部门并非实体性质的行政机构，更多地是为了保障海洋政策制定的综合性、长远性。所以，日本的北极政策也是由这一部门制定，但具体的执行依旧分散到各个机构。日本的官僚体系本身就具有各自为政的行政惯性，能否形成部门协作的合力不仅有赖于部门利益、资源分配的平衡，也有赖于首相的领导力和具体事项的紧迫性。此外，日本的企业界对北极的积极性也不如周边中国和韩国的企业界。就这些问题而言，日本的北极政策还需要经历一个国内整合的过程。

最后是日本能否就北极开发进行卓有成效的国际合作。非北极国家开发北极，必然需要同北极国家保持良好的外交关系。安倍政府的北极政策也对国际合作给予了高度重视，但现实中除了美国之外，日本与北极国家间的关系并没有达到一个很高的程度。日本与加拿大、丹麦、瑞典等国的合作主要集中在科考方面，而美国出于保护生态的考虑，不主张在北极进行大规模的资源开采。日本能够使用的北极东北航道主要在俄罗斯附近海域，而日俄关系这些年来由于领土争端又难以打开局面。所以，日本就北极事务展开国际合作依然有不少困难需要克服。但值得玩味的是，日本一方面主张加强与非北极国家间的合作，另一方面又对中国在北极的行动保持高度警惕。在 2016 年《防卫白皮书》中，日本专门描述了中国在北极的活动，称中国极地科学调查船“雪龙”号自 1999 年以来已经 6 次前往北冰洋，2016 年中国海军有 5 艘舰艇在白令海活动，表示对此高度关注。①

综合看来，安倍政府的北极政策已经开始逐步实施。尽管面临一系列制约因素，但总体向前推进的方向是明确的，而具体能推进到什么地步则有赖于日本政治、经济及外交的整体发展态势。值得注意的是，中日韩三国拥有航道利用、资源开发、环境保护等共同的北极利益和开发愿望，三国还同为近北极国家，都面临北极国家不同程度的排挤。因此，加强三国间的合作对三方都是有利的。2013 年，中日韩三国同时成为北极理事会

① 『日本の防衛 2016』、143 頁，http：//www. mod. go. jp/j/publication/wp/wp2016/pdf/28010303. pdf。

观察员国，这说明三国进一步合作是有利于争取共同的北极利益的。2015年中日韩领导人首尔峰会提出要“建立三国北极事务高层对话机制，交流北极政策，探讨合作项目及如何就北极深化合作”。[①] 2016 年、2017 年，中日韩三国召开了两次北极事务高级别对话，就共同推进面向未来航线利用和海底资源开采的科学研究达成共识，明确表示“将进一步加强中日韩对北冰洋相关国际框架的贡献”。[②] 可以说，在中日韩 FTA 谈判停滞、首脑峰会延期等不容乐观的局面下，三国间的北极合作依然能够推进下去，说明这一事项是符合各方利益的。而这一合作机制的延续和加强不仅有利中日韩实现北极利益诉求，而且能够成为东北亚区域合作的新亮点。

# An Analysis of Abe Administration's Arctic Policy

*Wang Xiaoke*

**Abstract**: The ecological, economic and political impact of the Arctic's melting ice has become even more evident. Under the concept of " Positive Pacifism" proposed by Abe's government, Japan accelerated the pace of entering the arctic, and officially introduced the arctic policy relies on years of experience in arctic scientific research. The reasons for this policy are the direct impact of climate change in the arctic, the shipping value of arctic shipping routes, the exploitation opportunities of arctic resources and the political battle brought by arctic competition. After Abe's arctic policy proposed, Japan will increase its investment in scientific research to observe and protect the arctic ecology, make active use of the arctic shipping lanes and participate in the exploitation of arctic resources to achieve sustainable development, promote multilateral and bilateral international cooperation within the framework of international law, and maintain sustained

① 《关于东北亚和平与合作的联合宣言（全文）》，http：//news.xinhuanet.com/world/2015-11/01/c_1117004595.htm。

② 《第二轮中日韩北极事务高级别对话联合声明》，http：//www.fmprc.gov.cn/web/wjdt_674879/sjxw_674887/t1470216.shtml。

attention of arctic security issues. Japan's arctic policy also face constraints at home and abroad, and its sustainable development depends on sustained investment, effective domestic integration and successful international cooperation.

**Keywords**: Positive Pacifism; The Arctic Route; Resources Exploitation; Ecological Protection

# 经　济

# 日本超量化宽松货币政策及效果分析

陈治国　刘姝彤*

【内容提要】日本是世界上最早提出并实行量化宽松货币政策的国家。20世纪80年代末，日本为了扭转经济长期萧条的局面，推出“零利率”政策。2013年，日本引入“量化和质化货币宽松”概念，再次扩大量化宽松规模。作为“安倍经济学”三支箭中重要的一支，日本超量化宽松货币政策的实施效果已经受到全世界的关注。有迹象表明：日本超量化宽松货币政策效果短暂且在逐渐减退；与此同时，量化宽松货币政策的实施空间也正在缩小，日本未来经济的发展存在一定的隐患和风险。

【关键词】日本　超量化宽松货币政策　零利率

## 一　日本超量化宽松货币政策实施的背景

自20世纪90年代初泡沫经济破灭后，日本经济开始直线下滑。1997年东南亚金融危机爆发，日本经济在金融危机的强烈冲击以及国内外双重交困的局面下，再一次遭受了严重的打击，更加低迷不振。为了改善经济状

* 陈治国，吉林大学东北亚研究院副教授，日本研究所研究员，研究方向为世界经济；刘姝彤，临沂职业学院助教，研究方向为世界经济。

况，日本央行开始采用“零利率”政策，但结果却不尽如人意，日本经济又落入“流动性陷阱”的困境之中。有鉴于此，日本央行在2001年初开始改变货币政策中介指标，从以利率为中介变量转为以货币供给量为中介变量，直接向市场注入额外的流动性，以期使市场产生通货膨胀预期。将操作目标从隔夜拆借利率调整为存款类金融机构在央行的经常账户余额，正式实施了量化宽松货币政策，成为第一个实行量化宽松货币政策的国家。2008年全球金融危机爆发，在经济再次陷入萧条的背景下，日本央行于2010年再一次实施量化宽松货币政策。2012年底，为了让日本摆脱通货紧缩的恶性循环，使经济焕发新活力，“安倍经济学”应运而生，其中最引人关注的便是实施超量化宽松货币政策。2013年4月，日本引入“量化和质化货币宽松”概念，再一次扩大了其量化宽松规模。至此，日本已经实施多轮量化宽松货币政策，其中超量化宽松货币政策的实施及效果吸引了全球各国的关注。

## （一）首轮超量化宽松货币政策的实施背景

### 1. 资产泡沫的破灭

1985年日本被迫签订“广场协议”后，为了防止日元大幅升值，日本央行开始大幅度降息，致使日本金融市场中的流动性不断增加。这些增加的流动性又源源不断地流入股票和房地产市场，滋生了资产泡沫。据统计，日经指数在1983年平均为8800点，但到了1989年12月29日时，已经涨至38915点，6年间上涨了342%，创下日本股市的历史最高纪录。日本当局为了防止资产泡沫继续扩大，于是在1989年12月末开始大幅度提高利率水平。货币政策的突然收紧，虽然结束了资产价格泡沫泛滥的情况，但是接踵而来的却是更为艰难的困境，也使日本经济经历了前所未有的浩劫。进入90年代后，没有实体业绩支撑的股票价格开始大幅度下跌。1990年4月，日经指数已经跌至28002.07点；到了1992年，疯狂下跌至14000点。面对股票市场泡沫的破灭，股票持有者开始大量抛售手中的债券、股票，最终在导致资金大量外流的同时，也使日元在金融市场面临多重贬值的打击。同样，在股票价格泡沫破裂之后，房地产的繁荣也告终止。从1990年3月开始，日本实施了抑制土地融资政策，该政策的实施虽然使日本房地产价格在当年平稳发展。可是好景不长，第二年，日本的房地产价格就开始大幅度下降。1991～

1992 年，东京、大阪、名古屋等六个主要城市的土地价格指数明显下降，其中住宅用地的土地价格下降幅度竟达到 18%，土地价格更是逐年下降。据统计，仅在 1992 年，日本的股价、房价、地价下跌造成的资产总损失就相当于当年日本 GDP 的 90%[①]。

资产泡沫的破灭，使日本经济陷入了一片混乱之中。名义经济增长率持续低迷，通货紧缩问题日益严重。从 1991 年开始，日本的消费物价指数（CPI）开始直线下降，到 1995 年已经降至负值（见图 1）。与此同时，经济的衰退还体现为 GDP 的回落和失业率的大幅度上升。1993 年，日本的 GDP 增长率已经回落至零，随后虽然有小幅度增长，但是在 1997 年又变为负值（见图 2）。在失业率上，从 1993 年开始，日本的平均失业率开始上升，到 2002 年时，日本的平均失业率在 6% 左右（见图 3）。

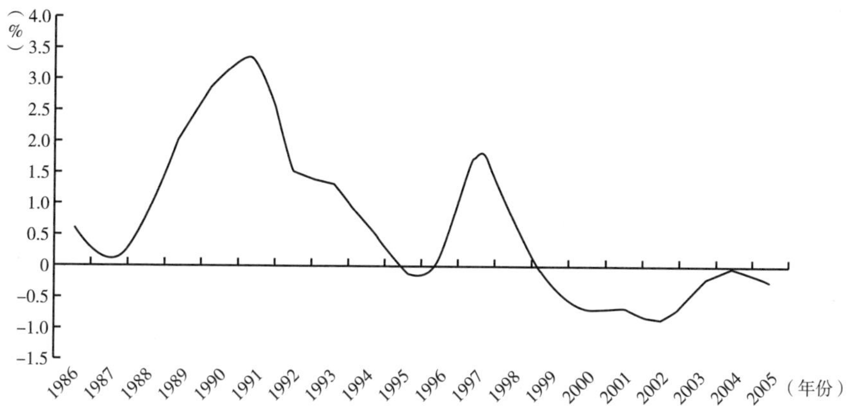


**图 1　1986～2005 年日本消费物价指数（CPI）同比增长率**

资料来源：根据日本总务省统计局数据整理制作。

### 2. “零利率”政策

为了缓解长期通货紧缩、恢复经济，日本从 1991 年 7 月起开始实施扩张性的货币政策，具体表现为不断下调官方贴现率（见表 1）。在扩张性货币政策效果初显之时，1997 年东南亚金融危机的爆发，再一次使日本经济陷入通货紧缩的困境之中。此时，日本央行再次通过下调官方贴现率的手段

① 丁然：《日本零利率和量化宽松货币政策效果分析》，硕士学位论文，首都经济贸易大学，2015。

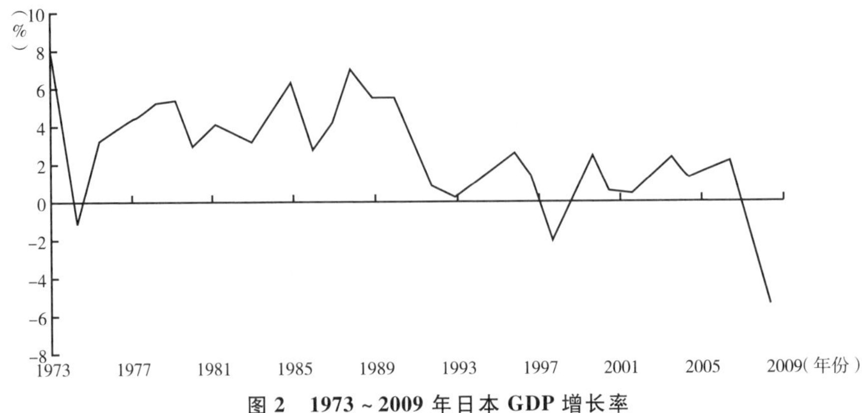


**图 2　1973～2009 年日本 GDP 增长率**

资料来源：根据日本内阁府数据整理制作。

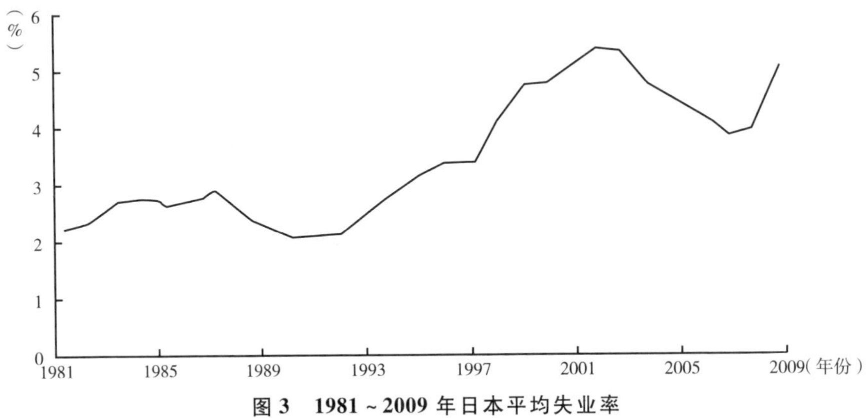


**图 3　1981～2009 年日本平均失业率**

资料来源：根据日本内阁府数据整理制作。

来恢复经济已经起不到太大效果，于是放弃使用该政策手段，开始实施“零利率”政策。

**表 1　1991～1995 年日本央行下调官方贴现率**

单位：%

| 时间 | 原贴现率 | 下调后的贴现率 |
|---|---|---|
| 1991 年 7 月 | 6.00 | 4.50 |
| 1991 年 11 月 | 5.50 | 5.00 |
| 1991 年 12 月 | 5.00 | 4.50 |
| 1992 年 4 月 | 4.50 | 3.75 |

续表

| 时间 | 原贴现率 | 下调后的贴现率 |
|---|---|---|
| 1992 年 7 月 | 3.75 | 3.25 |
| 1993 年 2 月 | 3.25 | 2.50 |
| 1993 年 9 月 | 2.50 | 1.75 |
| 1995 年 4 月 | 1.75 | 1.00 |
| 1995 年 9 月 | 1.00 | 0.50 |

资料来源：根据日本央行网站数据整理制作。

1999 年 2 月，日本央行正式实行“零利率”政策，将银行隔夜拆借率目标值设定为零。从 2000 年开始，“零利率”政策开始发挥效果，日本国内的经济得到了一定的恢复和发展，名义 GDP 与实际 GDP 在 2000 年也达到了自 1997 年以来的最高水平。但是“零利率”政策在带来积极影响的同时，也存在部分隐患。首先，在“零利率”政策下，货币政策的利率下调空间不复存在；其次，“零利率”政策的实施，可以使企业和个人在融资成本为零的情况下，毫无节制地申请贷款，这样又可能为金融危机的爆发提供了条件；最后，当利率一直处于较低水平或为零利率时，经济会陷入“流动性陷阱”之中。因此，从长期看来，单纯实行“零利率”政策很难达到促进经济增长的目的。该政策只能作为日本政府提振经济的应急措施，要想长久地恢复日本经济，货币政策的调整势在必行。

**3. 信贷规模急剧萎缩**

20 世纪 90 年代日本资产泡沫崩溃以后，银行产生了巨额不良债权，破坏了金融市场的稳定。在日本经济处于泡沫之中时，高涨的土地价格和房地产价格吸引市场参与者大量投资于房地产，同时银行也向房地产业提供了巨额贷款。但资产泡沫的破裂，致使房地产价格大跌，许多贷款购房者弃房断供，而参与房地产投资的金融机构和企业很难收回投入的资金，最终导致其面临破产的危机。在此情况下，银行的贷款呆坏账、不良债权不断增多。日本银行的不良贷款率从 1992 年的 2% 上升至 1995 年的 14%，短短三年间就上升了 12 个百分点。由于国际上开展结算业务的银行的最低资本充足率为 8%，而此时日本大部分银行由于存在巨额不良债权，其自身资本充足率达不到这一标准，所以这些银行在国际金融市场上的信用等级被下调。在此情况下，日本银行通过不断削减信贷规模的方式来保证充足的资金，进而产生“惜贷”现象。

## （二）超量化宽松货币政策的实施背景

### 1. 国际背景

2008年，肇始于美国的全球金融危机爆发，世界经济大国都不同程度地面临通货紧缩和经济萧条的压力。加之传统救市工具效果甚微，以美国为首的西方大国为了刺激经济，不得不大幅度降低利率来稳定金融体系。

然而，在利率大幅度下降为零的过程中，虽然一定程度上起到了放松银根的作用，但此时利率已经再无下降的空间，各国央行也无法再利用利率工具来刺激经济，美国等全球主要经济体的货币政策陷入“流动性陷阱”之中。基于上述经济状况，2008年11月25日，美联储首次宣布购买机构债和抵押贷款支持债券（MBS），并通过各种方式向市场注入流动性，进而打开了美国实行量化宽松货币政策的大门。直至2012年底，美国相继推出了四轮量化宽松货币政策来调控经济、促进经济复苏。在美国的带领下，欧洲各国也相继推出了定量宽松货币计划、购买资产债券计划、长期再融资操作等措施。量化宽松货币政策的实施，使美欧各国的经济都得到了一定的恢复，并对各国遏制经济危机不断深化、补充银行体系的流动性起到了显著成效。然而，美欧实行的量化宽松货币政策必然会导致全球经济的通货膨胀。[①] 日本作为美欧的主要进口国，美欧实行量化宽松货币政策的外溢效应也必然会对日本经济造成影响。从政治层面上看，日本已经逐渐沦为美国的“附属国”,[②] 在经济政策的选择上也会效仿美国。而美国所实施的量化宽松货币政策对经济复苏产生的积极影响以及美元贬值对日本经济造成的冲击，必然为日本再一次采用量化宽松货币政策提供充足理由。[③]

---

① 李彬、邓美薇：《日本异次元量化宽松货币政策及其效果分析》，《现代日本经济》2014年第6期，第17～29页。

② 〔澳〕麦考马克：《附庸国：美国怀抱中的日本》，于占杰、许春山译，社会科学文献出版社，2008，第3页。

③ 李彬、邓美薇：《日本异次元量化宽松货币政策及其效果分析》，《现代日本经济》2014年第6期，第17～29页。

**2. 国内背景**

1992～2012 年，日本政府的年均负债率达到 170.1%，国家财政的年均赤字率达到6.7%，大大超过《马斯特里赫特条约》规定的 60% 的政府负债率和 3% 的财政赤字的警戒标准。CPI 也一直呈负增长，长期的通货紧缩严重影响了日本经济的发展，物价连续下降也大大降低了企业的收益水平、个人消费以及投资水平等，最终致使经济难以回升。

在出口贸易上，自 2007 年以后，日本的贸易收支开始呈逐渐下降趋势。2011 年，遭受了“东日本大地震”及福岛核电站泄露两大严重灾害后，电力资源相对短缺，使日本对石油燃料的进口需求大幅度增加，导致了日本贸易严重逆差。2012 年，贸易逆差额高达 5.8 万亿日元。① 伴随经济的长期萧条，日本的国际竞争力排名也开始大幅度下降。到了 2012 年，日本的国际竞争力排名已由 1991 年的第 1 位下降至第 27 位（见图 4）。

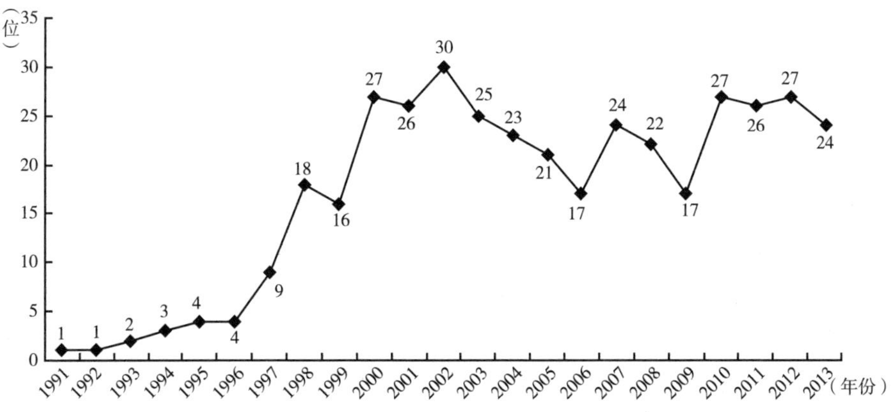


**图 4　1999～2013 年日本国际竞争力排名**

资料来源：根据世界经济信息网数据整理制作。

同时，老龄化问题一直困扰着日本经济，失业率长期处于较高水平，也成为日本经济难以回升的顽症之一。加之国企民营化、工会组织效率下降，

① 日本内阁府：《平成 25 年经济财政报告》，http：//www5.cao.go.jp/j-j/wp/wp-je13/indx_pdf.html，2013－07－01/2014－09－25。

即使是有工作的人，其工资也处于停滞或是下降状态，[①] 导致国民消费水平下降，连带对企业的投资带来阻力，最终对整个国民经济产生严重影响。随后，接踵而至的由美国次贷危机引发的全球金融危机的爆发、2011 年的“东日本大地震”以及频繁更替的日本政局，都制约了日本经济的复苏。

其实早在 2010 年 10 月，日本在面对 2008 年全球金融危机所带来的国内外的冲击时，就已经启动了新一轮量化宽松货币政策，并重新推出资产购买计划，在超低利率下，刺激长期利率以及各种风险溢价下降（见表 2）。

**表 2　2010～2012 年日本银行新一轮量化宽松货币政策的主要内容**

| 时间 | 新一轮量化宽松货币政策内容 |
| --- | --- |
| 2010 年 10 月 28 日 | 日本银行将隔夜拆借利率下调至 0～0.1%，开始执行总额为 35 万亿日元的资产购买计划 |
| 2011 年 3 月 14 日 | 日本银行将隔夜拆借利率维持在 0～0.1%，扩大资产购买计划规模，将总规模调至 40 万亿日元 |
| 2011 年 8 月 4 日 | 日本银行扩大资产购买计划规模，由当前的 40 万亿日元增加至 50 万亿日元 |
| 2012 年 2 月 14 日 | 日本银行将资产购买计划规模扩大至 60 万亿日元，主要是扩大购买 10 万亿日元的长期国债（长期国债的购置规模由 9 万亿日元扩大至 19 万亿日元） |
| 2012 年 3 月 27 日 | 日本银行将资产购买计划规模扩大至 65 万亿日元，（将长期国债的购置规模由 19 万亿日元扩大至 29 万亿日元），将固定利率担保资金供给规模由 35 万亿日元缩减至 30 万亿日元 |
| 2012 年 7 月 12 日 | 日本银行将资产购买计划规模扩大至 70 万亿日元，主要是增加的 5 万亿日元的长期国债（由 40 万亿日元增加至 50 万亿日元），增加 5 万亿的短期国库券（由 4.5 万亿日元增加至 9.5 万亿日元），并将固定利率担保金供给规模由 30 万亿日元缩减至 25 万亿日元 |
| 2012 年 9 月 19 日 | 日本银行将资产购买计划规模扩大至 80 万亿日元，主要是在原有基础上再增加 5 万亿日元的长期国债和短期国库券。 |

① 伊藤誠「日本近現代化過程における戦後改革とその後の社会経済変動」，日本现代化转型中的改革与治理”国际学术研讨会资料集，南开大学日本研究所院（内部交流未出版），2014，第 14～22 页。

**续表**

| 时间 | 新一轮量化宽松货币政策内容 |
| --- | --- |
| 2012 年 10 月 30 日 | 日本银行将资产购买计划规模扩大至 91 万亿日元，主要是在原有基础上再增加 5 万亿日元的长期国债和短期国库券以及 1 万亿日元的其他资产 |
| 2012 年 12 月 20 日 | 日本银行将资产购买计划规模扩大至 101 万亿日元，主要是在原有基础上再增加 5 万亿日元的长期国债和短期国库券 |

资料来源：根据日本央行网站数据整理制作。

2010 年 10 月至 2012 年 12 月，日本央行先后九次扩大资产购买计划规模。在近两年的时间里，资产购买计划规模扩大了将近 3 倍。在此基础上，日本的量化宽松货币政策不断升级。2012 年 12 月 26 日，安倍晋三成为日本第 96 任首相后，实行了更加激进的量化宽松货币政策。安倍政权认为，日本陷入长期通货紧缩的原因在于日本央行采取了消极的金融政策，若想走出通货紧缩的困境，就必须调整日本政府与央行的关系，改变央行保守的货币政策。[①] 因此，安倍政权不断向日本央行施压。2013 年 1 月 22 日，在结束了为期两天的会议之后，日本央行被迫宣布继续扩大量化宽松货币规模，具体内容如下：首先，将之前日本央行设定的短期通货膨胀率目标由 1% 调整为 2%；其次，引入新的资产购买计划，从 2014 年 1 月起，实行不设具体结束期限的资产购买计划，每个月购买 13 万亿日元的金融资产，同“零利率”政策一起实现 2% 的通胀目标。[②] 安倍政权要兑现重振经济的承诺，期望在短时间内提振国内经济，采取超量化宽松货币政策是势在必行的选择。

### （三）两次量化宽松货币政策实施背景的比较

比较两轮量化宽松货币政策的实施背景可以看出，日本首次采用量化宽松货币政策时，其存在的经济问题主要集中在国内。货币当局期望通过“低利率”和“零利率”货币政策手段来恢复日本经济。虽然 2000 年该政策的实施取得了一定成效，可是“零利率”背后存在的隐患又促使日本当

① 庞德良、张清立：《日本量化宽松货币政策评析》，《社会科学战线》2014 年第 1 期，第 27 ~ 33 页。

② 熊爱宗：《日本宽松货币政策升级会产生哪些影响》，《中国财经报》2014 年 12 月 4 日，第 008 版。

局终止该政策。因此，2001 年日本推出了量化宽松货币政策，打开了世界经济史上“量化宽松”的大门。

而在日本超量化宽松货币政策实施之前，日本经济存在的问题不仅仅局限在本国之内，还包括 2007 年次贷危机后美欧各国推行量化宽松的国际背景。2008 ~2012 年，美联储曾前后实施了四轮量化宽松货币政策，欧洲各国也相继推出了定量宽松货币计划、购买资产债券计划、长期再融资操作等措施来恢复被危机破坏的经济。这些措施的实施，使美欧各国的经济都得到了一定的恢复，并对各国遏制经济危机不断深化、补充银行体系的流动性起到了显著成效。加之日本为美欧贸易的主要进口国，美欧量化宽松货币政策实施的外溢效应必然会波及日本。与此同时，2012 年自民党总裁安倍晋三上台后，面对日本经济存在的一系列问题，他清楚地认识到，若想巩固政权，在短时间内提振日本经济是解决问题的关键所在，因此他一上台便推出了一揽子大胆、激进的经济政策，这就为日本实施超量化宽松货币政策提供了充分必要的条件。

## 二　日本超量化宽松货币政策的主要内容及其特点

### （一）黑田东彦主导下日本超量化宽松货币政策的主要内容

2013 年 3 月，日本央行行长白川方明提出辞职，黑田东彦就任日本新一任央行行长。随后，在 2013 年 4 月 4 日的中央银行首次议息会议上，提出了无限量、无限期、力度空前的“超量化宽松货币政策”，被称为日本金融史上的一次“革命”。① 黑田东彦时代的开启，意味着日本央行独立于政府时代的终结，日本正式迎来“超量化”时代。②

**1. 采用基础货币控制目标**

日本此轮超量化宽松货币政策改变了以往无担保隔夜拆借利率的货币市场操作目标，用基础货币供应量目标取而代之，决定央行在两年之内基础货

① 郑蔚：《“安倍经济学”的背景、机理及风险探索》，《东亚学刊》2013 年第 5 期，第 31 ~ 36 页。

② 刘广河：《日本央行“超宽松”前途难测》，《国际金融》2013 年第 4 期，第 94 ~95 页。

币投放量增加两倍，并以每年 60 万 ~ 70 万亿日元的速度增加基础货币投放量，到 2014 年末，基础货币投放量增加至 270 万亿日元（见表 3）。

**表 3　2012 年底至 2014 年底基础货币供给目标的资产负债表预测**

单位：万亿日元

| | 2012 年底 | 2013 年底 | 2014 年底 |
|---|---|---|---|
| 基础货币 | 138 | 200 | 270 |
| 长期国债 | 89 | 140 | 190 |
| 商业票据等 | 2.1 | 2.2 | 2.2 |
| 公司债等 | 2.9 | 3.2 | 3.2 |
| 交易型开放指数基金(ETF) | 1.5 | 2.5 | 3.5 |
| 地产信托投资基金(J-REIT) | 0.11 | 0.14 | 0.17 |
| 其他资产合计银行券 | 87 | 88 | 90 |
| 活期存款 | 47 | 107 | 175 |
| 贷款支援基金 | 3.3 | 13 | 18 |
| 其他及负债净资产合计 | 158 | 220 | 290 |

资料来源：根据日本央行网站数据整理制作。

**2. 实行新的国债购买计划**

日本央行将扩大资产购买计划总规模，终止原来的资产购买计划，从 2013 年 4 月起，在日本政府债券购买的现有基础上，每年再增加 50 万亿日元；逐渐延长国债的购买期限，将 1 ~ 5 年期和 5 ~ 10 年期国债作为重点购买对象（见表 4）。此外，还将国债购买范围拓宽至所有期限的国债，其中包括 40 年期国债，将国债平均持有期从 3 年延长至 7 年[①]。

**表 4　日本各个期限国债购买规模分布情况**

单位：万亿日元

| | 1 年期以内国债 | 1 ~ 5 年期国债 | 5 ~ 10 年期国债 | 10 年期以上国债 | 浮动利率债券 | 通货膨胀指数债券 | 合计 |
|---|---|---|---|---|---|---|---|
| 购买规模 | 0.22 | 3 | 3.1 | 0.8 | 0.14 | 0.02 | 7.5 |
| 购买频率 | 每月 | 每月 | 每月 | 每月 | 每两个月 | 每两个月 | — |

资料来源：根据日本央行网站数据整理制作。

① 郭可为：《黑田东彦“双化宽松”政策的特点与实际效果考量》，《日本研究》2013 年第 2 期，第 1 ~ 7 页。

**3. 加大与股市和房地产市场有关的金融工具购买量**

日本央行不断增加交易型开放指数基金（ETF）和房地产信托投资基金（J-REIT）的购买量，[①] 使 ETF 余额由 2013 年末的 2.5 万亿日元增加至 2014 年末的 3.5 万亿元，使 J-REIT 余额由 2013 年末的 1400 亿日元增加至 2014 年末的 1700 亿日元。与此同时，为确保“超量化宽松货币政策”的持续性。日本银行要实现 2% 的通货膨胀目标，因此，在目标稳定之前，必须持续推行“超量化宽松货币政策”，并按时对经济、物价形势及走向做出分析，以此来进行相应的调整。[②]

**4. 提供灾区金融机构的资金供给操作**

日本央行将为东日本大地震灾区的金融机构、金融企业合作的中央机构（包括东京信用金库、劳动信用金库、中央农林金库等）提供固定的利率贷款，其中贷款的年利率为 0.1%，并将贷款期限延长至一年。[③]

## （二）日本超量化宽松货币政策与不同时期量化宽松货币政策比较

相比日本前期采用的量化宽松货币政策，黑田东彦主导下的超量化宽松货币政策无论是在规模上、力度上还是在操作工具等的运用上，都有重大的突破，堪称史无前例（见表 5）。安倍再次组阁后实行的量化宽松货币政策与以往实行的量化宽松货币政策相比，十分激进，而且特点鲜明。

**表 5　日本央行不同时期的量化宽松货币政策**

| | 首轮量化宽松货币政策 | 金融危机后新一轮量化宽松货币政策 | 超量化宽松货币政策 |
|---|---|---|---|
| 实施期间 | 2001.3.19 ~ 2006.3 | 2010.10.5 ~ 2013.4.4 | 2013.4.4 至今 |
| 央行总裁 | 速水优、福井俊彦 | 白川方明 | 黑田东彦 |
| 操作目标 | 存款类金融机构在央行的经常账户余额 | 无担保隔夜拆借利率（0% ~ 0.1%） | 基础货币量（两年间增长 2 倍） |

① 曹协和、吴竞择、戴鸿广、金为华、江凯：《日本量化宽松货币政策的实践及其启示》，《海南金融》2013 年第 12 期，第 29 ~ 32 页。

② 王开：《日本通货紧缩背景下超量化政策的有效性研究》，《经济视角》2014 年第 2 期，第 69 ~ 72 页。

③ 郭红玉、许争、梁斯：《“安倍经济学”能让日本经济走出困境吗？——基于日本质化量化宽松货币政策的分析》，《南方金融》2015 年第 10 期，第 73 ~ 81 页。

**续表**

| | 首轮量化宽松货币政策 | 金融危机后新一轮量化宽松货币政策 | 超量化宽松货币政策 |
|---|---|---|---|
| 政策焦点 | 资产负债表的负债方 | 资产负债表的资产方 | 资产负债表的双方 |
| 期限承诺效果 | 政策一直持续到核心 CPI 稳定上升之时 | 零利率政策持续到核心 CPI 超过 1% | 政策持续到 2% 的物价稳定目标的必要时点 |
| 通货膨胀目标 | 未实施 | 未实施 | 实施(两年内尽快实现 2% 的通胀目标) |
| 国债购买方式 | 用于资金调控的购买方式(即在逆回购协议下买入国债的公开市场操作) | 用于资金调控的购买方式和通过购买基金方式 | 废除资金购买基金方式,用于资金调控的购买方式统一合并为买入长期国债方式 |
| 长期国债购买规模 | 2002 年增加 25 万亿日元,2002 年末余额为 50 万亿日元 | 2012 年增加 23 万亿日元,2012 年末余额为 89 万亿日元 | 2013 年、2014 年每年增加 50 万亿日元,2014 年末预计达到 190 万亿日元 |
| 每月购买规模 | 1.2 万亿日元 | 约 4 万亿日元 | 超过 7 万亿日元 |
| 国债残存期限 | 三年以下 | 三年以下 | 平均七年 |
| 银行券规则 | 适用 | 适用于资金调节的购买方式,资金购买基金方式不受“银行券规则”限制 | 暂停实施 |
| 风险资产购买 | 无 | 无 | 有 |
| 交易型开放指数基金(ETF)余额 | 无 | 由 2012 年末的 1.5 万亿日元增至 2013 年末的 2.1 万亿日元 | 由 2013 年末的 2.5 万亿日元增至 2014 年末的 3.5 万亿日元 |
| 房地产信托投资基金(J-REIT)余额 | 无 | 由 2012 年末的 1100 亿日元增至 2013 年末的 1200 亿日元 | 由 2013 年末的 1400 亿日元增至 2014 年末的 1700 亿日元 |

## (三) 日本超量化宽松货币政策的特点

### 1. 规模空前，史无前例

首先，日本此轮超量化宽松货币政策的力度和规模是空前的。从横向来看，20世纪90年代世界性经济危机爆发，为了能够应对危机、摆脱经济困境，美欧各国央行也都开始采用量化宽松货币政策。以美国为例，虽然2008～2012年美联储已经相继推出了四轮量化宽松货币政策，但就其每月购买国债规模来看，力度与规模仍不及日本。如表6所示，假使美国继续以QE4的购买力度（每月采购850亿美元的国债）执行货币政策，那么美联储购买的国债也仅占国内生产总值的7.5%。而日本央行虽然在每月购买国债规模上稍低于美国（750亿美元<850亿美元），但是政府购债总额占国内生产总值的比重（17.3%）却大大超过美国。[①]

**表6　美国与日本量化宽松政策比较**

| | 每月购债额 | 2013年购债总额 | 2012年GDP | 政府购债总额占GDP比重(%) |
|---|---|---|---|---|
| 美国 | 850亿美元 | 10200亿美元 | 135932亿美元 | 7.5 |
| 日本 | 7.5万亿日元（约750亿美元） | 90万亿日元（约9000亿美元） | 520万亿日元（5.2万亿美元） | 17.3 |

资料来源：根据相关数据整理制作。

从纵向来看，日本央行在货币政策使用中引入了“基础货币操作目标”。日本在2001～2006年实施首轮量化宽松货币政策时，将货币政策的操作目标设定为存款类金融机构在央行的经常账户余额；由次贷危机引发的全球金融危机爆发后，日本重新启动量化宽松货币政策时，将操作目标改为无担保隔夜拆借利率；而到了2013年黑田东彦担任日本央行行长时，已经将操作目标设置为“基础货币目标”，同时提出每年以60万～70万亿日元的速度增加基础货币投放量，使其两年之内增长两倍，并期望到2014年末基础货币投放量增加至290万亿日元。综上可以看出，此轮超量化宽松货币政策操作目标的设置，体现出日本央行向市场注入流动性的决心之大和增发速度之快，也体现出此轮货币政策的运用已经由以往的“量化宽松”转变为“质化宽松”。

① 郭可为：《黑田东彦“双化”宽松政策把祸水外移》，《上海证券报》2013年5月28日，第A08版。

**2. 明确的通胀目标期限**

在小泉执政期间实行的量化宽松货币政策中，日本央行并没有对通货膨胀目标进行明确承诺。然而，2013 年 4 月 4 日日本超量化宽松货币政策推出后，日本央行明确了物价在“两年”之内上涨 2% 的通货膨胀预期，并将政策的焦点放在日本央行资产负债表的双方，开启了日本央行确定官方通胀目标实现期限的先河。同时，日本央行为了引导长期利率降低从而激发消费和投资，购买了最长期限 40 年的长期证券。

**3. 加入风险资产购买，采用多元化的货币操作工具**

日本在以往量化宽松货币政策的实践中，使用的货币操作工具主要是集中购买长期国债。而此轮黑田东彦主导下的超量化宽松货币政策，在货币操作工具上，不仅延长与扩大了国债的购买期限和规模（将 30 年期限和 40 年期限的国债加入购买计划，而且计划每月购买 7.5 万亿日元、每年购买 50 万亿日元的国债），还将交易型开放指数基金（ETF）和房地产信托投资基金（J-REIT）两类风险资产首次纳入操作工具范畴，期望交易型开放指数基金（ETF）余额由 2013 年末的 2.5 万亿日元增加至 2014 年末的 3.5 万亿元；房地产信托投资基金（J-REIT）余额由 2013 年末的 1400 亿日元增加至 2014 年末的 1700 亿日元。可见，此轮超量化宽松货币政策的目的主要是抵消通货紧缩效应，并没有过多地考虑政策存在的隐患和风险。而且，货币操作工具与以往单一的工具相比，更具多元化的特点。

## 三　日本超量化宽松货币政策的实施效果及其原因

黑田东彦主导下的超量化宽松货币政策，可以称为“安倍经济学”的重要支柱。该政策的实施效果也受到了国内外学者的广泛关注。其中，国外一部分学者认为日本此轮超量化宽松货币政策取得了一定的成效。如克鲁格曼就曾赞扬日本新政府能够提出“安倍经济学”的勇气，并认为日本经济长期存在结构性失调，急需超量化宽松货币政策来调整。当然也有一部分学者对此轮超量化宽松货币政策的效果提出质疑，认为黑田东彦主导下的超量化宽松货币政策只是小泉执政时期的加强版，并否认“安倍经济学”的存在。[①] 日本此轮超量化宽松货币政策的实施，虽然在短期内取得了一定成效，但实施空间正在缩小，效果也在逐渐减退，总体效果不佳。

## （一）政策效果

### 1. 短期内实际 GDP 有所增长，但长期效果不稳定

2007 年以来，日本经济在受到国内外双重影响的打击下，从 2012 年第二季度开始，连续三个季度实际 GDP 呈负增长趋势。2012 年末，安倍晋三再次组阁成功，迫使日本央行加大货币供给力度，实行规模空前的超量化宽松货币政策。在该货币政策的刺激下，从 2013 年第一季度开始，日本经济出现回暖，实际 GDP 增长率转为正值。但是这一好景持续时间并不长，在随后的第四个季度，日本的实际 GDP 增长率已经降至 1%。虽然 2014 年第一季度日本实际 GDP 增长率达到 6.1%，但是到了 2014 年第二季度又降至 -6.8%。可见，安倍政权超量化宽松货币政策的实施，并没有给日本经济带来稳定的发展，虽然在短期内经济有所回升，但经济规模总体上仍然呈下降趋势（见图 5）。

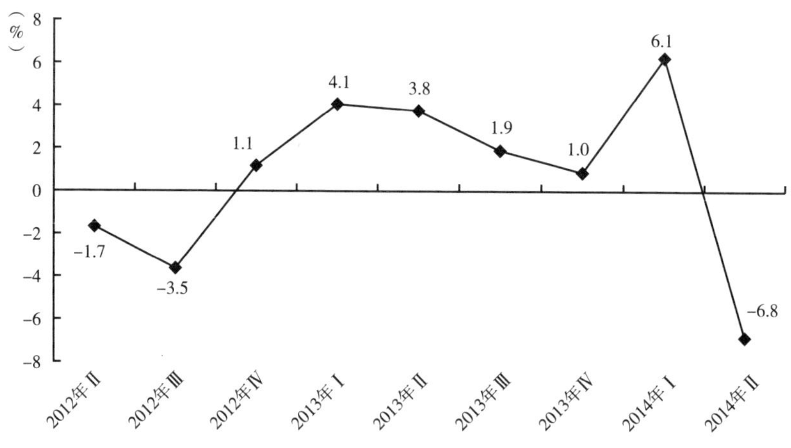


**图 5　日本实际 GDP 增长率**

资料来源：根据日本内阁府网站数据整理制作。

① 王开：《日本通货紧缩背景下超量化政策的有效性研究》，《经济视角》2014 年第 2 期，第 69～72 页。

**2. 货币供给存量增加显著，但未能达到稳定通胀预期目标**

安倍此轮超量化宽松货币政策，使货币供给存量出现显著增长。M1 的增长率从 2012 年底的 3% 左右上升至 2013 年以后的 5% 以上（其中增长较快的是存款货币），M2 和 M3 的增长率也提高了大约 1 个百分点。同时，广义流动性增长率从 2012 年底的 0.5% 左右上升到 2013 年底的 4.5%，基础货币的增长率由 2012 年底的 10% 左右上升到 2013 年 6 月的 36%，且 2013 年底维持在 46% ~52%，并在 2014 年 1 ~3 月分别达到 51.9%、55.7% 和 54.8%。[①] 可见，此轮超量化宽松货币政策的实施，基础货币供给量正向着由 2012 年的 138 万亿日元增加到 2014 年末的 270 万亿日元的目标挺进，但是从消费市场上来看，2% 的物价稳定目标却难以维持。从图 6 可见，日本消费者核心物价指数（CPI）在实施了新一轮超量化宽松货币政策的大半年时间里，仍呈负增长趋势。虽然在 2013 年末消费者核心物价指数变为正值，并在 2014 年 6 月达到并超过了 2% 的预期通胀目标，可是在随后的时间里，CPI 一路下跌，始终处于低于 1% 的水平。可见，安倍政权实行的超量化宽松货币政策并没有使消费市场稳定，显然 2% 的通货膨胀预期目标难以实现。

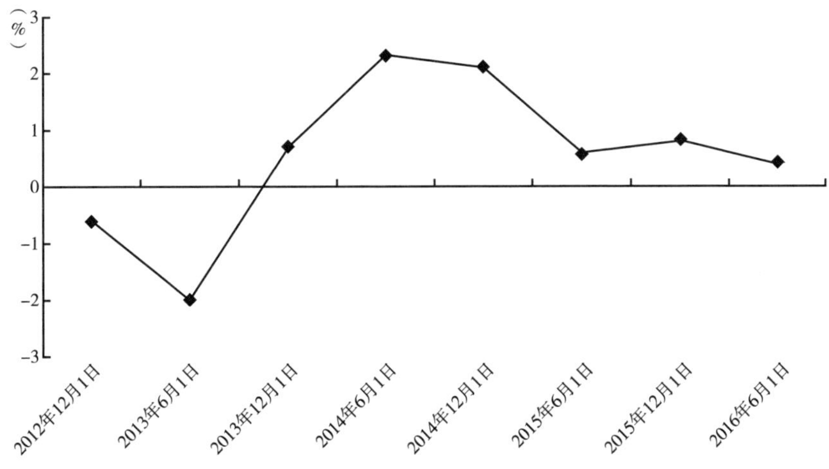


**图 6 日本核心消费者物价指数变化情况**

资料来源：根据东方财富网站数据整理制作。

① 任维彤：《日本银行量化宽松货币政策实施效果的实证分析》，社会科学文献出版社，2014，第 44 ~63 页。

**3. 短期内各类金融资产余额有所增加，但企业投资效果不显著**

安倍再次组阁后实行的超量化宽松货币政策，使短期内日本家庭的金融资产、各类存款机构的金融资产等不断增加（见表7和表8）。从表中我们可以看出，2012年末日本家庭的金融资产总额为1552.1万亿日元，到了2013年末，已经增至1644.7万亿日元，一年之内增长了6%。其中，日本家庭金融资产中，股票投资和对外证券投资增幅较大，分别为38.5%和24.4%，现金存款以及保险和养老金额也都有所增长，由此可见，在短期内公众对日本未来金融市场还是抱有较为乐观的预期。

**表7 日本家庭金融资产情况**

单位：万亿日元，%

| 时间（年/月） | 现金和存款 | | 证券 | | 股票投资 | | 保险和养老金 | | 对外证券投资 | | 合计 |
|---|---|---|---|---|---|---|---|---|---|---|---|
| | 金额 | 占比 | 金额 | 占比 | 金额 | 占比 | 金额 | 占比 | 金额 | 占比 | |
| 2012/3 | 833.1 | 54.8 | 94.3 | 6.2 | 109.5 | 7.2 | 422.6 | 27.8 | 8.4 | 0.6 | 1520.4 |
| 2012/6 | 842.7 | 55.5 | 90.1 | 5.9 | 101.1 | 6.7 | 422.4 | 27.8 | 8.2 | 0.5 | 1518.3 |
| 2012/9 | 838.2 | 55.4 | 89.3 | 5.9 | 97.1 | 6.4 | 424.7 | 28.1 | 8.6 | 0.6 | 1512.5 |
| 2012/12 | 853.9 | 55.0 | 93.6 | 6.0 | 111.8 | 7.2 | 428.9 | 27.6 | 8.2 | 0.5 | 1552.1 |
| 2013/3 | 847.4 | 53.7 | 103.4 | 6.5 | 132.9 | 8.4 | 431.4 | 27.3 | 7.7 | 0.5 | 1578.7 |
| 2013/6 | 860.0 | 53.7 | 103.1 | 6.4 | 141.5 | 8.8 | 432.3 | 27.0 | 7.4 | 0.5 | 1602.2 |
| 2013/9 | 855.8 | 53.2 | 105.0 | 6.5 | 147.4 | 9.2 | 435.3 | 27.0 | 8.4 | 0.5 | 1609.3 |
| 2013/12 | 837.6 | 53.1 | 108.6 | 6.6 | 154.8 | 9.4 | 439.1 | 26.7 | 10.2 | 0.6 | 1644.7 |
| 增长率 | 2.3 | | 16.0 | | 38.5 | | 2.4 | | 24.4 | | 6.0 |

注：末行为2013年12月较2012年12月的增长率；因为只选取主要构成项目，表中的结果不等于合计。

资料来源：根据日本央行网站数据整理制作。

安倍政权超量化宽松货币政策实施一年多来，各类存款机构的金融资产也在不断增加，与2012年第四季度相比，2013年第四季度各类存款机构的金融资产增长了近6.4%。其中，现金和存款以及其他对外债权债务增长最为显著。从变动的比例看，除了对证券投资和金融衍生品的投资出现负增长外，其他各类存款机构的金融资产投资都有所上升。可见，安倍政权此轮超量化宽松货币政策的实施，在短期内使增加的流动性一部分以现金和存款的方式流入了各类存款机构，而股票资产总额的增长应该是股票市场价格上升带来的盈余，对外业务的增长则与日元贬值和国内超低利率带来的对外各类投资收益有关① （见表8）。

**表8 日本各类存款机构的金融资产情况**

单位：万亿日元，%

| 时间（年/月） | 现金和存款 | 贷出 | 证券 | 股票投资 | 金融衍生品 | 对外直接投资 | 对外证券投资 | 其他对外债权债务 | 合计 |
|---|---|---|---|---|---|---|---|---|---|
| 2012/3 | 176.4 | 654.6 | 515.1 | 40.4 | 55.1 | 12.8 | 69.6 | 45.6 | 1587.0 |
| 2012/6 | 192.7 | 655.8 | 510.6 | 35.8 | 58.1 | 13.1 | 64.8 | 43.7 | 1589.5 |
| 2012/9 | 192.2 | 663.2 | 501.6 | 33.8 | 54.3 | 13.2 | 67.7 | 42.6 | 1582.3 |
| 2012/12 | 199.0 | 672.6 | 499.3 | 42.5 | 60.4 | 14.2 | 76.5 | 54.7 | 1635.2 |
| 2013/3 | 205.4 | 681.3 | 505.7 | 49.7 | 62.8 | 14.3 | 82.4 | 60.1 | 1677.9 |
| 2013/6 | 237.0 | 682.2 | 476.8 | 53.6 | 57.4 | 14.7 | 79.9 | 62.4 | 1680.4 |
| 2013/9 | 247.9 | 676.4 | 475.2 | 54.4 | 52.2 | 15.5 | 83.0 | 60.7 | 1684.2 |
| 2013/12 | 261.0 | 691.8 | 471.6 | 61.0 | 56.5 | 16.0 | 93.4 | 72.0 | 1739.3 |
| 增长率 | 31.2 | 2.9 | -5.5 | 43.3 | -6.5 | 12.9 | 22.2 | 31.6 | 6.4 |

注：末行为2013年12月较2012年12月的增长率；因为只选取主要构成项目，表中的结果不等于合计。

资料来源：根据日本央行网站数据整理制作。

日本超量化宽松货币政策的实施，虽然在短期内使各类金融资产余额有所增加，但是日本企业对实体设备的投资效果却并不显著。2012年日本全部产业设备投资总额为30.8万亿日元，2013年末较前一年增长了4.9%，达到32.3万亿日元。可是好景不长，2014年日本全部投资设备总额频繁波动，尤其在4月日本的消费税税率上调后更为明显。以日本企业的实际机械订单总额为例，2014年1~7月，其环比增长率分别为8.1%、-3.3%、4.0%、34.8%、-30.5%、17.1%和-13.5%。② 可见，日本企业投资实体设备的前景仍然不明朗。

① 任维彤：《日本银行量化宽松货币政策实施效果的实证分析》，社会科学文献出版社，2014，第44~63页。

② 日本内閣府経済社会総合研究所『平成26年7月実績：機械受注統計調査報告』，http://www.esri.cao.go.jp/jp/stat/juchu/1407juchu.html，2014-09-12/2014-09-13。

#### 4. 日元贬值未能明显改善贸易境况

日本超量化宽松货币政策实施后，从 2012 年底日元开始连续大幅度贬值，尤其是在 2013 年，日元对美元贬值率超过 16%，贬值速度创造了历史新高。2014 年前三个季度，日元对美元的贬值率然在 4.4% 左右。受日元贬值的影响，日本的出口额大幅增加，贸易逆差有所缩小，从 2013 年 1 月的 1.6 万亿日元，下降至 6 月的全年最低值。但此后，贸易逆差开始不断扩大，到 2014 年 2 月已经达到 2.79 万亿日元，而此时日本已经连续 20 个月面临贸易逆差，创造了历史最长纪录。①

日元贬值虽然对出口带来一定的刺激，但是从贸易收支来看，日本的贸易逆差仍然未消除。因此，安倍政权超量化宽松货币政策的实施，并未明显改善日本的贸易境况（见图 7、图 8）。

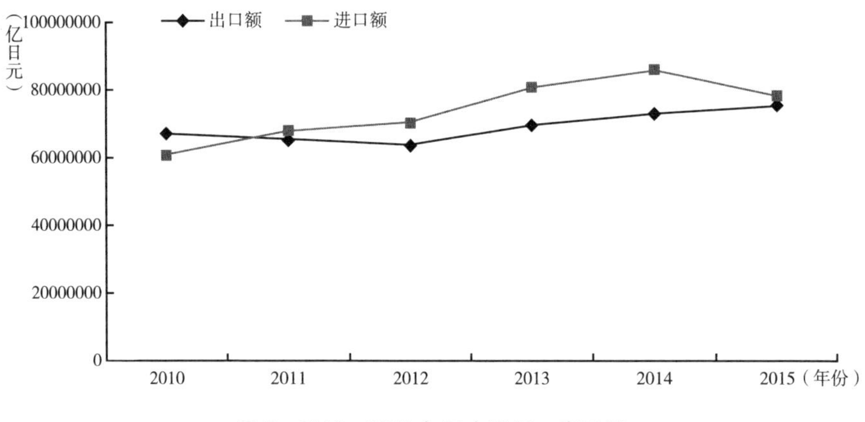


**图 7　2010～2015 年日本进口、出口额**

资料来源：根据中华人民共和国商务部网站数据整理制作。

#### 5. 刺激居民消费效果不乐观

此轮超量化宽松货币政策并没有真正起到刺激居民消费的效果，反而与物价上涨形成巨大反差的是居民实际收入水平的下降。从图 9 可以看出，日本居民的消费支出与实际收入均处于较低水平，2013～2015 年，消费支出环比增长率仅在 -3% 至 1% 之间窄幅波动。加之东日本大地震导致日本核

① 日本財務省『平成 26 年 7 月分貿易統計（速報）の概要』，http://www.customs.go.jp/toukei/latest/index.htm，2014-09-12。

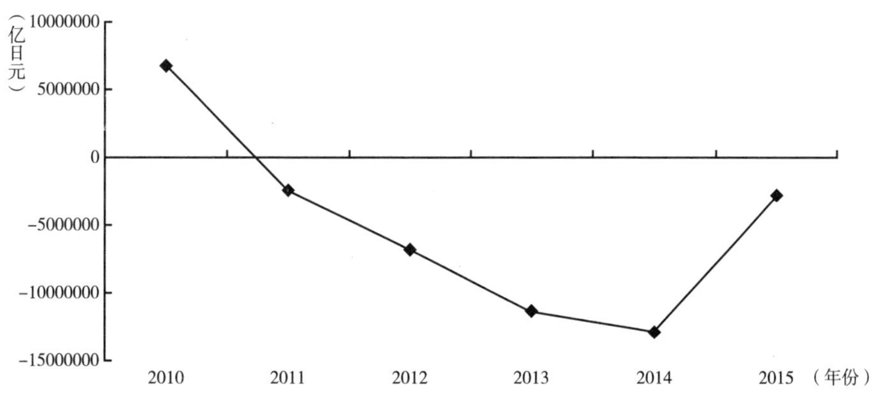


**图8　2010～2015年日本净出口额**

资料来源：根据中华人民共和国商务部网站数据整理制作。

电设施遭受严重破坏，进而引发核电、水电价格不断上涨，在名义工资不变的情况下，日本居民的实际工资有所减少，最终都给居民消费的增长带来重重阻力。

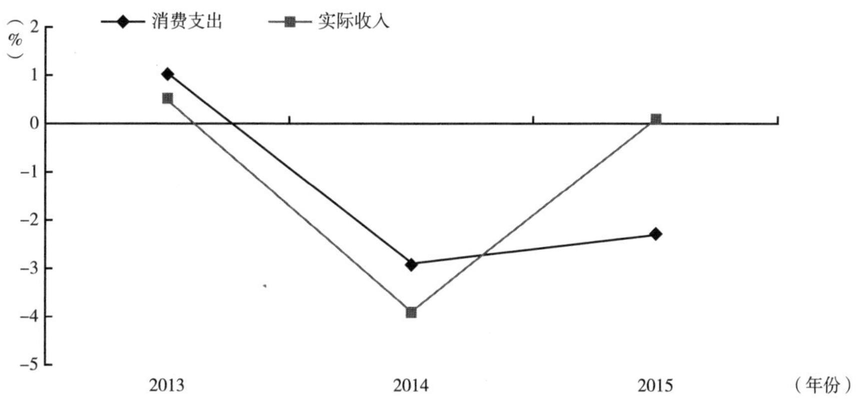


**图9　2013～2015年日本居民年平均实际收入与消费支出环比增长情况**

资料来源：根据日本总务省统计局网站数据整理制作。

再者，从就业与收入的角度看。自2012年以来，日本失业率在3%～5%（见图10），而就业者的平均每月现金收益大多呈负增长，可见安倍政权实行的超量化宽松货币政策并没有起到使居民工资增长的效果，当然也很难促进居民消费。

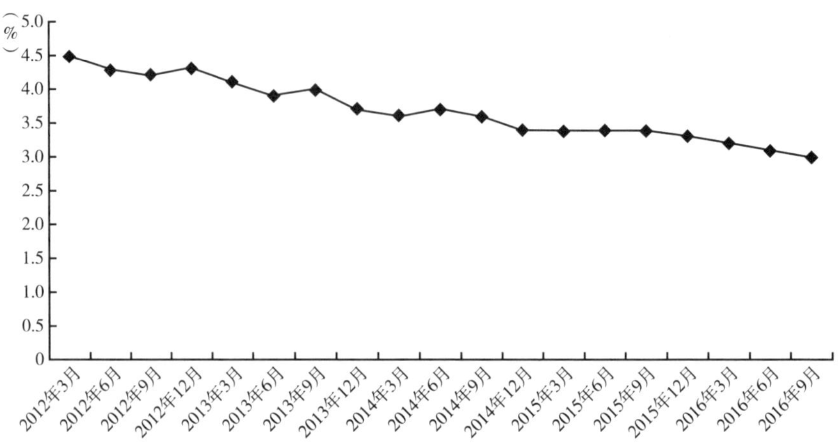


**图 10 日本近几年失业率情况**

资料来源：根据中华人民共和国商务部网站数据整理制作。

## （二）日本超量化宽松货币政策效果不佳的原因

在对日本超量化宽松货币政策效果的分析中，我们可以看到，该政策实施后在短期内的确取得了一部分成效：长期利率下降，股票价格指数以及各类金融资产余额显著上升和增加。但是从长期来看，安倍政府此轮超量化宽松货币政策的实施，对日本的整体经济规模并没有产生实质性的影响，其效果十分有限。

**1. 物价上涨缺乏工资上涨的支撑**

在此轮规模空前的量化宽松货币政策作用下，物价水平的提高并没有使日本国民的实际收入水平提高。凯恩斯曾指出：良性的通货膨胀是建立在货币系统能够顺利运转和工资能够上涨的基础之上的。因此，日本要想实现经济的平稳回升，还需要企业在不断增加设备投资的基础上形成新的日元定价优势，并在不断提高居民工资的情况下推动消费良性循环。然而，日本社会的经济现状却是：大部分企业不愿意提高职工工资，即便是在企业利润增加时，宁可把发放临时奖金作为鼓励手段，也不愿意增加职工工资。①

2014 年 1 月，日本消费税税率大幅提高（由 5% 上升至 8%），致使日

① 程月霞：《安倍经济学理论及效果分析》，硕士学位论文，东北财经大学，2014。

本消费者态度指数不断下降。2014 年 1 月，日本的消费者态度指数同比增长率为 -2.3%，到了 4 月，已经下降至 -7.5%。可见，消费税税率的提高无疑对日本民众的国内消费造成负面冲击，在居民工资停滞不涨、消费水平下降的情况下，安倍政权希望通过超量化宽松货币政策来实现 2% 的物价稳定目标难以实现。

**2. 企业难以改变市场悲观预期，投资热情不足**

在泡沫经济破灭后的近 20 年里，日本经济一直处于低迷状态。虽然首轮量化宽松货币政策实施后，日本经济有所回升。但是好景不长，2008 年由美国次贷危机引起的全球性金融危机的爆发，加之国内一系列问题的存在，最终再一次使日本经济跌入低谷。由于日本一直没能走出经济的疲乏状态，日本企业对本国的经济前景不能形成良好的预期，严重影响企业的投资热情。与此同时，日本企业的法人税税率高达 38.1%，高额的企业法人税使原本对市场存有悲观预期的企业更不愿意大规模地增加固定资产或是长期投资。

其次，由于日本消费税税率的提高，日本居民的消费水平进一步下降，国内需求大幅度减少。然而对于日本企业，从某种程度上来说，影响投资的主要因素并不一定是资金需求得不到满足，而是外部需求萎缩。[①] 安倍政权实施的超量化宽松货币政策，虽然能够增加货币的供给量，降低长期利率，却不能彻底改变企业乃至个人对市场的悲观预期。

**3. 日元贬值增加原材料进口成本，贸易逆差扩大**

日本是一个资源极其匮乏的国家，2011 年又遭受了东日本大地震、核泄漏等的打击，增加了对石油、天然气等常规能源的需求，进而更加依赖国外进口。安倍政权量化宽松货币政策的实施，导致在日元贬值改善出口的同时，也无形中增加了进口原材料的成本。虽然日元贬值对于日本国际化水平高的大企业来讲会增加其出口，但是对于日本那些小规模、国际化程度低的企业来说，无疑会增加进口成本。加之日元贬值对出口的促进作用有限，最终贸易逆差会不断扩大。另外，日本制造业空心化问题不断加重，加之电子设备、汽车等行业创新不足，最终导致日本产品在全球市

① 李彬、邓美薇：《日本异次元量化宽松货币政策及其效果分析》，《现代日本经济》2014 年第 6 期，第 17～29 页。

场的竞争中不再占有优势，因此在一定程度上削弱了此轮超量化宽松货币政策促进出口的效果。

## 四　日本超量化宽松货币政策的风险

### （一）加剧日本政府债务风险

一个国家的金融安全和经济风险通常用政府债务来衡量，政府债务与本国 GDP 之比越高，说明该国政府的债务负担越重。目前，在全球国家高债务政府的排名中，日本已经超越希腊，位居榜首。安倍政权超量化宽松货币政策的实施，不但没有缓解日本长久以来的债务危机，反而进一步加剧了日本政府的债务风险。

由于日本将利率较长期地维持在低水平，且国债的收益较稳定，不易受到经济波动的影响，所以比起投资高风险的股票，日本的企业和公众更喜欢购买国债。据统计，日本国债的外国持有率仅为 5%，其余 95% 的国债均在本国投资者手里。[①] 所以安倍晋三上台后，希望通过央行大量购买国债的方式抬高国债价格，促使大量持有国债的日本企业和公众等从国债市场中撤离，并将大量流动性注入实体经济，最终达到促进消费和投资、带动经济发展的最终目的。可是事与愿违，据日本财务省统计，2013 年末，日本债务总额达到 1022 万亿日元，是当年日本国内生产总值的 2 倍多。[②] 截至 2015 年，日本政府总债务占 GDP 的比重已经接近 250%（见图 12），居世界首位（见图 11）。

安倍政权期望通过大量购买国债来增加市场的流动性，以此来恢复经济发展的政策手段并不奏效。不断增加的债务，必然影响日本未来经济的发展，而超量化宽松货币政策的实施，也必然加剧日本政府的债务风险。

① 李欢丽、王晓雷：《日本主权债务问题的可持续性与不确定性研究》，《现代日本经济》2013 年第 2 期，第 35～46 页。

② 日本財務省『国債及び借入金並びに政府保証債務現在高（平成 25 年 12 月末現在）』，http：//www. mof. go. jp/jgbs/reference/gbb/201312. html，2014－02－10/2014－05－08。

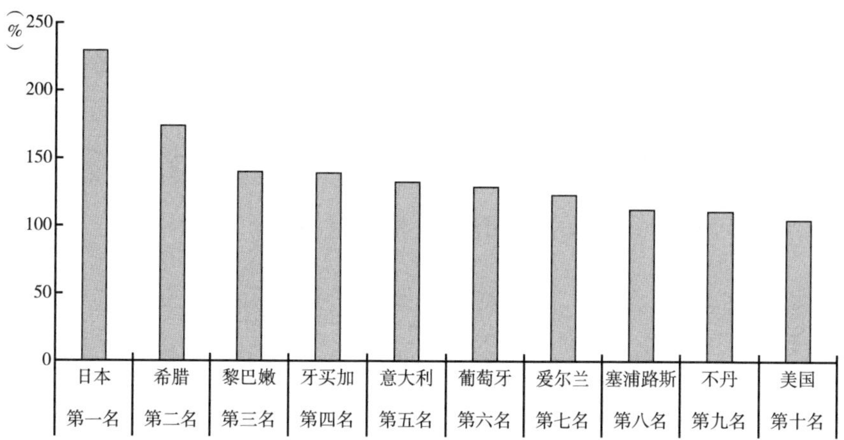


**图 11　2015 年全球十大政府总债务占 GDP 比重排名**

资料来源：根据日本财务省网站数据整理制作。

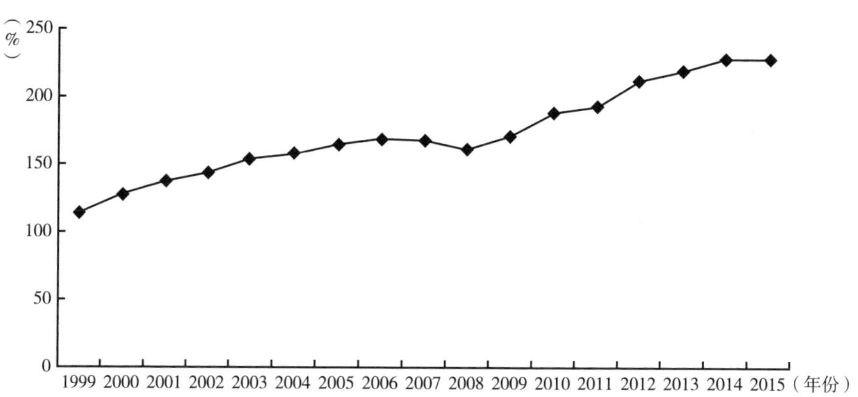


**图 12　1999～2015 年日本总债务占 GDP 比重**

资料来源：根据日本财务省网站数据整理制作。

## （二）形成资产泡沫风险

日本此轮超量化宽松货币政策的操作目标是两年内基础货币投放量增长两倍，如果日本经济一直照这个速度增加基础货币的供给，加之货币信用乘数的作用，最终必将导致物价大幅度上涨，引发通货膨胀。而此时日本的经济增长速度仍然缓慢，经济仍然处于萧条之中，那么金融机构和企业为了获得盈利就会将手中过多的流动性投入房地产或是股市等虚拟经济领域，最终导致房产和股票等资产的价格大幅度上涨。当这些资产价格的上涨速度高于实体经济的价格上涨速度时，就可能形成新的资产泡沫，给日本经济带来更大的危害。

### （三）可能导致日本央行资产负债表受损

此轮安倍政权超量化宽松货币政策的实践，与日本首轮量化宽松货币政策的实践相比，最突出的特点便是政府加入了对风险资产的购买，将交易型开放指数基金（ETF）和房地产信托投资基金（J-REIT）两类风险资产首次纳入操作工具，交易型开放指数基金（ETF）余额由2013年底的2.5万亿日元增加至2014年底的3.5万亿日元；房地产信托投资基金（J-REIT）余额由2013年底的1400亿日元增加至2014年底的1700亿日元。虽然日本政府加入风险资产购买的主要原因是为实体经济的发展提供间接支持，可是一旦日本央行保有的风险资产减少，必将影响其收益总额，央行就会减少对国库的缴纳金，而这一效果其实相当于增加了日本的财政支出。而且，当政府购买的风险资产规模达到一定水平时，货币的信用会受到破坏。[①] 最终，央行的资产负债表在一定程度上也会受到影响。

### （四）日元套利交易再次盛行引发全球金融系统动荡

早在2007年以前，日元就因其低廉的成本被对冲基金利用为套利工具，从而加速了全球资本流动，因此在美国次贷危机后也成为加速全球金融危机爆发的一个助推器。在日本新一轮超量化宽松货币政策下，日元开始大幅度贬值，国内利率也长期维持在一个较低的水平。此时，会有大量资金流出日本国债市场，被投入到利率更高的国外市场进行利差交易。投资者希望借用利率较低的日元来投资国外利息更高的货币，以此来赚取利润。因此，日元很可能再次成为国际套利工具，从而给日本乃至全球金融的稳定带来一定的风险。

---

① 刘瑞：《日本长期通货紧缩与量化宽松货币政策——理论争论、政策实践及最新进展》，《日本学刊》2013年第4期，第69~89页。

# Analysis of the Japan's Super Quantitative Easing Monetary Policy and Effect

*Chen Zhiguo, Liu Shutong*

**Abstrac**: Japan is the first country in the world to put forward quantitative easing monetary policy practice. At the end of the 1980s, Japan tried to get out of the prolonged depression by the introduction of "zero interest rate policy" . In March 2013, the introduction of quantitative and qualitative monetary easing concept expanded the size of its quantitative easing once again. As one of the most important arrow of the three arrows mentioned in "Abe economics", the implementation of quantitative easing monetary policy under the Abe regime has drawn the world's attention. Evidences show that although the super quantitative easing monetary policy has achieved some success in the short term, the space is narrowing, the effect is gradually declining. And the implementation space of the policy is narrowing gradually, and there are certain danger and risks hidden in the future development of Japan's economy.

**Keywords**: Japan; Super Quantitative Easing Monetary Policy; Zero Interest Rate

# 日本对华撤资的现状、原因及影响[*]

崔 健 陈庭翰[**]

【内容提要】自2013年以来，日本对华直接投资连续三年下降，对华投资占比也随之降低。同时，在部分产业和地区，在华日企进行了不同程度的撤资。中日关系恶化、两国经济状况、在华日企运营状况以及变化的国际环境都是引发日本对华撤资的因素。而日本对华撤资对两国经济的发展以及双边关系的修复都会产生影响。不过，日本对华撤资也为中国企业的发展带来了机遇，同时日本企业撤资后的下一阶段战略部署包含针对中国市场格局变化的业务转型，并围绕制造业推动信息化、产业化交叉发展，其未来的发展趋势不可小觑。

【关键词】日本 对外直接投资 撤资 制造业 第三产业

近几年，日本对华直接投资持续减少，并且撤资的在华日资企业也呈现逐步增多的趋势。在中日两国经济进行结构改革的关键期和双边关系恶化的

* 本文系教育部人文社会科学重点研究基地重大项目“中日韩国家关系新变化与区域合作战略”（16JJDGJW006）、吉林大学人文社科重大课题培育项目“20世纪70年代日本稳定增长与转换结构研究”（2016ZDPY14）、吉林大学哲学社会科学校级重点研究基地重大项目“中日俄经贸关系研究”（2017xxjd16）研究成果。

** 崔健，吉林大学东北亚研究院教授、博士生导师，日本研究所研究员，研究方向为日本经济；陈庭翰，深圳大学中国经济特区研究中心博士后，研究方向为世界经济。

敏感期，我们有必要对日本对华撤资的表现、原因、影响以及发展趋势进行深入研究，这有助于对日本经济状况、日本企业的战略性变化以及中日关系等做出正确判断。

## 一　日本对华撤资的现状和表现

### （一）日本对华投资规模持续下降

近几年，日本对华直接投资规模持续下降。据日本财务省统计，2012年日本对华直接投资首次突破万亿日元，达1.08万亿日元，而随后几年持续大幅下降。2013年和2014年的实际投资额分别为8870亿日元和7194亿日元，分别下降17.6%和19.3%。投资规模持续下降导致日本对华直接投资额占其当年对外直接投资总额的比重也大幅下降，从2012年的11%降至2014年的5.6%。2012年，中国在日本对外直接投资对象国中排第2位，到2014年降至第4位。[①] 据中国商务部统计，2012年中国实际利用日本直接投资为73.5亿美元，增长16.15%，占中国当年利用外商直接投资总额比重为6.07%，随后持续大幅下降，2015年分别降至32.1亿美元、-25.78%和2.54%（见表1）。

**表1　2012～2015年中国利用日本直接投资情况**

单位：亿美元，%

| 年份 | 实际利用额 | 增长率 | 所占比重 |
|---|---|---|---|
| 2012 | 73.5 | 16.15 | 6.07 |
| 2013 | 70.58 | -4.0 | 5.7 |
| 2014 | 43.25 | -38.72 | 3.37 |
| 2015 | 32.1 | -25.78 | 2.54 |

资料来源：中华人民共和国商务部网站，http://www.mofcom.gov.cn/。

① 日本貿易振興機『2014年の対中直接投資動向』，2015年7月，https://www.jetro.go.jp/ext_images/_Reports/01/20150046.pdf。

### （二）日本对华直接投资在制造业领域下降明显

从产业类别来看，日本对华投资结构也发生了较大的变化。尽管日本对华直接投资主要集中在制造业领域的大体格局没有根本改变，但是近些年来，制造业所占比重持续下降，而非制造业所占比重大幅攀升。2012 年，日本对华直接投资中制造业所占比重为 68.2%，[①] 而到了 2015 年上半年则下降到 54.6%。与之相对，日本对华直接投资中非制造业所占比重则从 2012 年的 31.8% 上升到 2015 年上半年的 45.4%。[②] 具体来看，在制造业领域，三大机械（一般机械、电气机械和运输机械）行业占 2012 年日本对华直接投资额和制造业领域直接投资额的比例分别是 43.4% 和 63.64%，而到了 2014 年分别降到 29.9% 和 53.2%。其中，电气机械行业的投资下降最为明显，其占日本对华直接投资额的比例从 2012 年的 9.6% 下降到 2014 年的 1.7%。此外，木材和纸浆、橡胶皮革等行业的投资都有一定程度的下降。反之，食品、化学医疗、精密机械等行业的投资则有所增加。在非制造业领域，日本对华直接投资主要集中在批发和零售业、金融和保险业、不动产业，这三个领域占 2012 年日本对华直接投资额和非制造业领域直接投资额的比例分别是 26.7% 和 84.0%，而到了 2014 年分别上升到 39.6% 和 90.41%。其中，金融和保险业的投资增长最为明显，其占日本对华直接投资额的比例从 2012 年的 4.6% 上升到 2014 年的 19%。[③] 此外，批发和零售业的投资也在持续增加，而不动产业的投资则在波动中有所下降。可见，日本对华投资开始从以机械生产为主的制造业向以金融保险服务业为主的非制造业转移，制造业内部则从电子、汽车行业向化学医疗、精密机械等行业转移。

### （三）日本对华撤资的主要表现

日本对华直接投资在规模和行业上的变化是日本对华撤资的主要表现。

---

① 日本貿易振興機『2014 年の対中直接投資動向』，2015 年 7 月，https：//www. jetro. go. jp/ext_ images/_ Reports/01/20150046. pdf。

② 日本貿易振興機『2015 年度アジア・オセアニア進出日系企業実態調査—中国編—』，2015 年 12 月，https：//www. jetro. go. jp/ext _ images/_ Reports/01/0b534b5d88fcc897/20150116. pdf。

③ 日本貿易振興機構『2014 年の対中直接投資動向』『2015 年上半期の対中直接投資動向』。

从全行业来看，2011～2015 年，选择扩大在华投资规模的企业比例从 66.8% 降至 38.1%；选择维持现状的企业比例趋于上升，从 28.9% 上升至 51.3%；选择缩小规模的企业比例也大幅度上升，从 2.7% 上升到 8.8%；选择转移或撤资的企业比例在波动中有所上升（见表 2）。从制造业来看，日本国际协力银行 2015 年的调查显示，正实施或计划实施回归日本策略的生产据点中，有 68% 是从中国撤离。仅有 40.4% 的日本企业考虑在华长期积极开展事业，考虑将业务向其他国家或地区分散的日资企业占到 49.8%，还有 7.2% 的日资企业考虑收缩业务或撤离中国。其中，在中国从事地产地销和专营销售的日本企业对开展在华业务最为积极，而向日本或第三方出口产品的日本企业则最不积极。从产业类别来看，化学行业开展在华业务表现最为积极，其次为一般机械和电机电子行业，纤维、造纸、非铁金属等行业最不积极。[①] 日本贸易振兴机构的调查也呈现出同样的结果，缩小规模、转移或撤资的在华日企主要集中在纤维业（23.1%）、电气机械业（18.0%）、铁和非铁金属业（16.1%）、精密机械业（14.8%）、运输业（11.1%）、一般机械业（10.5%）。伴随着日本企业的撤离，在华工作的日本籍员工人数也迅速下降。过去一年里，驻华日本员工人数下降了 23.8%，另有 27.8% 计划撤离。[②]

**表 2　在华日本企业投资态度**

单位：%

| 年份 | 扩大投资规模企业比例 | 维持现状企业比例 | 缩小投资规模企业比例 | 转移或撤资企业比例 |
|---|---|---|---|---|
| 2011 | 66.8 | 28.9 | 2.7 | 1.7 |
| 2012 | 52.3 | 42.0 | 4.0 | 1.8 |
| 2013 | 54.2 | 39.5 | 5.0 | 1.2 |
| 2014 | 46.5 | 46.0 | 6.5 | 1.0 |
| 2015 | 38.1 | 51.3 | 8.8 | 1.7 |

资料来源：日本貿易振興機構『アジア・オセアニア進出日系企業実態調査』（2013、2014、2015）。

---

① 国際協力銀行『わが国製造業企業の海外事業展開に関する調査報告』，2015 年 12 月，https：//www.jbic.go.jp/wp-content/uploads/press_ ja/2015/12/45904/Japanese1.pdf。

② 日本貿易振興機『2015 年度アジア・オセアニア進出日系企業実態調査—中国編—』，2015 年 12 月，https：//www.jetro.go.jp/ext _ images/_ Reports/01/0b534b5d88fcc897/20150116.pdf。

进一步讲，从建立能够在日本国内外替代中国生产和供给的体制来看，2013 年有 40.1% 的日资企业建立了这种体制，2014 年这一比例上升到 44.9%，2015 年突破一半，为 51.5%。江苏省（60.4%）、广东省（59.9%）、天津市（57.7%）、山东省（53.6%）、北京市（51.1%）的日资企业中建立这种替代体制的企业比例都超过 50%。日资制造业企业建立这种替代体制的比例为 56.8%，其中运输机械业（65.2%）、化学和医药业（63.2%）、电气机械业（57.3%）最为明显。非制造业企业的比例为 41.3%，其中金融和保险业（63.6%）、批发和零售业（49.5%）最为突出。对替代地区或国家的选择，有 38.0% 选择回到日本，选择转移到泰国、越南、印度尼西亚、美国的比例依次为 13.4%、9.3%、5.3%、5.2%，可以看出转移或撤资的日资企业的大部分投资回流日本。[①]

### （四）在华日资企业撤资的主要方式

据日本中小企业厅的调查，对外直接投资的企业尤其是中小企业在准备撤资时，面临的最主要问题是“法律和财会制度、行政手续”、“人才确保和劳务管理”以及“投资费用的调配和资金回笼”。[②] 下面结合中国的法律和财会制度来具体分析在华日资企业撤资所采取的主要方式。

在华日资企业的撤资方式主要有所持资本的转让、解散企业的清算、破产等。无论哪种方式，除了审查认可机构的许可以外，必须获得出资者全体的同意和董事会的认可。其中，董事会的认可是最大的关口。企业清算等重要事项必须得到董事会全体董事的认可。特别是在合资的情况下，因为董事会的构成是根据出资比例来决定的，只要有 1 位中国方面的董事反对，就不能撤资。而在独资的情况下，由于基本不存在出资者之间的利害对立，如果手续合法，实施撤资就简单很多。对于在董事会上不能得到中国方面的董事同意的情况，虽然能够有效利用仲裁机构，但真正做到撤资要遇到诸多麻烦、耗费不少时间。

---

① 日本貿易振興機『2015 年度アジア・オセアニア進出日系企業実態調査—中国編—』，2015 年 12 月，https://www.jetro.go.jp/ext_images/_Reports/01/0b534b5d88fcc897/20150116.pdf。

② 日本政策金融公庫総合研究所「中小企業の海外撤退戦略——アジア市場開拓からの撤退経験とその後の事業展開」『日本公庫総研レポート』第 4 号、2013、6 頁。

日资企业撤资时，采用在短时间内完成手续转让所持资本的情况较多。这是通过向其他出资者或者第三方转让所持资本的方法，以1997年实行的《外商投资企业投资者股权变更的若干规定》为依据履行手续。这种方式因为企业还在营业，不会发生关税和所得税的追缴、从业人员经济补偿，并且办理手续所需时间也较短，所以是摩擦最少的方式。

此外，还有些企业采用解散企业的清算方式。这种方式是在董事会决议解散企业以后，提出解散申请书并取得许可。然后，根据中国商务部下发的《关于依法做好外商投资企业解散和清算工作的指导意见》，设立清算委员会，处理企业的资产和偿还债务，为出资者划分剩余财产。在实施清算时，由于顺利地处理资产是关键点，所以，日资企业更愿意接受可信赖的机构对资产评估进行复查。

## 二　日本对华撤资的主要原因

### （一）政治原因

2012年9月发生的钓鱼岛“国有化”事件及其持续发酵所引发的一系列连锁反应已经对日本企业对华投资行为和态度产生了负面影响。日本国际协力银行的调查显示，2012年以前，只有10%左右的日本企业认为中国国内的治安和社会稳定状况是需要克服的难题，而到了2013年，这一比例猛增到30%以上。[①] 日本企业态度的变化必然影响其对华投资行为，从投资数据来看，2012年以来日本对华投资规模持续下降，也恰好符合中日关系恶化的进程。日本对华投资年增长率曲线的波动与世界对华投资波动有很大的不同（见图1），呈现出与导致两国关系恶化的政治事件发生点的高度相关性，可见政治原因对日本企业对华投资有较大的影响。

· 日本篡改教科书（2005）

· 中国参与福岛事故救灾（2011）

· 钓鱼岛国有化事件、中国抵制日货（2012）

---

① 国際協力銀行『わが国製造業企業の海外事業展開に関する調査報告』，2015年12月，https：//www. jbic. go. jp/wp-content/uploads/press_ ja/2015/12/45904/Japanese1. pdf。

· 中国划东海识别区、安倍参拜靖国神社（2013）

· 日本安保法案通过（2014）

**图 1　世界对华投资与日本对华投资年增长率比较**

资料来源：中华人民共和国商务部利用外资统计。

## （二）经济原因

### 1. 中国经济条件的变化

新常态下中国经济结构改革及其产生的变化必然会对在华日资企业产生影响。（1）中国经济增速放缓一定程度降低了日本企业对中国市场的期待值，提高了中国市场的可替代性，使日本企业更为积极地实施“中国 +1”战略，向中国周边国家或地区辐射。2013 年，印度尼西亚取代中国成为日本企业中期前景最看好的国家，这是中国自 1992 年以来第一次丧失该位置。（2）劳动力、土地等成本上升使中国制造业环境发生了变化，这对在华主要从事生产业务的日本企业的营业状况影响巨大，加速了这类日本企业的撤资。（3）中国市场竞争压力逐渐增大，外商投资逐渐呈现多元化，国内企业竞争力也快速增强，使在华日本企业深陷竞争泥潭。2014 年，有近一半的日本企业认为中国市场竞争过大，导致运营压力增大。[①]（4）非制造业对经济发展贡献率的提升加速了中国产业

① 国際協力銀行『わが国製造業企業の海外事業展開に関する調査報告』，2015 年 12 月，https：//www. jbic. go. jp/wp-content/uploads/press_ ja/2015/12/45904/Japanese1. pdf。

结构的变化，从而改变了日本企业对华投资模式。（5）中国的消费模式正在从以满足温饱为主向满足交通、通信、教育、娱乐、医疗、保健等领域的多元需求转变。消费者市场格局的变化使曾经在中国市场获得成功的诸多日本企业面临不适，产品定位和服务设定难以跟上中国市场的发展，从而引发撤资行为。[①]

**2. 日本政府和企业的战略性变化**

首先，日本经济策略的调整弱化了对华的重视程度。在支援企业进行海外事业扩展上，日本政府较以往更倾向于东盟地区，2013年推出的“对获取海外市场的国际支援”政策，明确支持日本企业改善在东盟地区的业务环境和市场支持，并成立日本东盟经济产业协力委员会作为主要政策实施单位。[②] 另外，随着日本正式加入《跨太平洋伙伴关系协定》（TPP），日本官方开始重视融入TPP贸易框架及与TPP伙伴国的经贸关系。经济产业省2015年度补充预算项目主要是围绕TPP相关政策展开的，支持日本企业对TPP成员国的市场获得、贸易网构建、原材料采购等。[③]

其次，日本企业自身面临特殊问题。（1）日本企业在华业务开展已经较为成熟，业务扩张的空间较小。日本国际协力银行的调查显示，81.2%的日本企业在中国都设立了本地法人，日本许多大型企业如松下、夏普等电子企业的最大市场都是中国。从边际收益角度来看，继续加强对中国的投资难以获得更大的收益。因此，日本企业将目光投向东南亚、南亚、拉丁美洲、非洲等日本企业投资规模较小的地区，寻求新的市场。（2）日本企业自身正在进行深度的产品和业务格局调整。经济危机以来，市场需求的下降加剧了日本企业在产品及业务布局上的不足所带来的问题，许多日本企业陷入亏损，甚至破产。日本急需进一步推动全球化，按照世界市场情况的变化调整自身产品布局，推动管理体制的改革以使企业融入全球市场，并适应产业形态的新变化。在战略调整过程中，日本企业对部分业

---

① 滕鑑「近年における日本の対中直接投資：影響要因，「脱中国」の虚実などについて」『岡山大学経済学会雑誌』第46巻第1号、2014、69～80頁。

② 経済産業省『平成25年度補正予算案の主な項目について』，2013年12月，http://www.meti.go.jp/main/yosan2013/20131212.pdf。

③ 経済産業省『平成27年度補正予算等について』，2016年1月，http://www.meti.go.jp/main/yosan/yosan_fy2015/hosei/pdf/summary.pdf。

务进行淘汰、清理或重新分配时，必然涉及对在华业务的重新洗牌，从而从部分领域撤资。

受政策引导和企业自身变化的影响，日本企业的海外扩张倾向近年来有所弱化。根据国际协力银行的调查，2011 年度有 87.2% 的日本企业倾向于强化海外业务，2015 年度下降至 80.5%。与之相比，日本企业强化国内业务的意愿有所提高。2011 年度，有 25.9% 的日本企业倾向于强化国内业务，2015 年度这一比例上升至 29.6%，该倾向在中小企业中更加明显。

**3. 在华日本企业经营状况恶化**

近年来，在华日本企业的经营状况日趋恶化。日本贸易振兴机构 2015 年的调查显示，有 23.8% 的在华日本企业出现赤字，赤字率比 2014 年上升了 2.5 个百分点。日本企业认为导致经营状况恶化的最大的两个原因是本地销售额减少和人件费[①]上升，其他原因还有汇率变动、采购成本上升、成本转嫁难度高等。日本企业对 2016 年的预期也不甚乐观，预计经营恶化的企业比例为 17.8%，比 2014 年上升了 3.1 个百分点。

经营状况恶化必然会影响在华日本企业的投资选择。导致在华日本企业减少投资的主要原因分别是在华销售额下降（降幅为 67.1%）、劳动力价格等成本上升（升幅为 63.6%）和在华潜在增长率降低（36.4%），这些也恰恰是经营状况恶化的主要原因。由于这些原因，在未来 1～2 年内有 8.8% 的在华日企将收缩业务，1.7% 选择转移至第三国，二者相加超过 10%，比 2011 年增加 6.1 个百分点。与之相对，只有 38.1% 的在华日企考虑扩展业务，这一比例是 2011 年的近两倍。[②]

除此以外，近年来全球经济发展形势的变化也影响着日本对华投资的选择。在当下国际经济环境变化的背景下，日本投资偏好开始转向东南亚、美洲等其他地区的发展中国家，以及经济出现好转的欧洲和北美。根据日本国际协力银行的调查，2014 年日本企业新设海外当地法人所在地区最多的为东盟，其次为欧洲和北美，中国仅列第四位。2015 年度，墨西哥和美国成

---

① “人件费”为日文词语，包括劳动力所关联的各项成本，如工资、福利待遇、通勤费、奖金等。

② 日本貿易振興機『2015 年度アジア・オセアニア進出日系企業実態調査—中国編—』，2015 年 12 月，https://www.jetro.go.jp/ext_images/_Reports/01/0b534b5d88fcc897/20150116.pdf。

为日本企业实施投资计划最多的国家。[①] 2014 年与 2010 年相比，日本对美国直接投资增长了 3.8 倍，对欧洲直接投资增长了 72%，对华直接投资下降了 7%。[②] 可见，对日本而言，在国际经济环境变化的影响下，各区域的投资吸引力已经发生改变，中国对日本资本的吸引力相对下降。

## 三　日本对华撤资的主要影响

### （一）对日本经济的影响

日本对华撤资可能给日本经济复苏带来负面影响。首先，日本企业需要承担沉重的撤资风险。日本企业在撤资过程中需要寻找新的替代地区，既面临当期账户恶化压力，也面临新地区的基础设施建设、产业成熟度、市场成熟度、当地文化习俗、政策支持等带来的挑战。

其次，撤资行为可能会使日本企业丧失中国未来发展带来的机遇。中国的市场尚未定型，进入中国的外资企业都有塑造中国市场的机会。日本企业由于进入中国市场较早，对华投资规模大，继而在中国各行各业形成了市场影响力。如果重要的日本企业退出中国市场，则等于将旧有的影响力付诸一炬，为竞争对手留下一片市场空白。

再次，日本撤资可能降低中国对日投资的兴趣。2014 年中国引用外商直接投资额仅比对外直接投资额多出 35.6 亿美元，中国由资本流入国转变为资本输出国。[③] 据中国商务部统计，2013 年中国对日本直接投资额为 4.34 亿美元，同比增长 106%。[④] 据日本财务省统计，2014 年中国对日本直

① 国際協力銀行『わが国製造業企業の海外事業展開に関する調査報告』，2015 年 12 月，https：//www.jbic.go.jp/wp-content/uploads/press_ja/2015/12/45904/Japanese1.pdf。

② 日本貿易振興機『直接投資統計・日本の国・地域別対外直接投資（国際収支ベース、ネット、フロー）』，https：//www.jetro.go.jp/ext_images/world/japan/stats/fdi/data/country1_14cy.xls。

③ 商务部对外投资和经济合作司：《2014 年度中国对外直接投资统计公报》，2016 年 1 月 12 日，http：//www.fdi.gov.cn/CorpSvc/Temp/T3/Product.aspx？idInfo = 10000499&idCorp = 1800000121&iproject = 33&record = 5576。

④ 日本貿易振興機『ジェトロ世界貿易投資報告 2015 年版』，https：//www.jetro.go.jp/ext_images/world/gtir/2015/pdf/cn.pdf。

接投资额为5.94亿美元，比2013年增长324%。[①] 日本对中国资本的吸引力，基于日本对中国经济的重要性。一方面，中国对日本的产品需求量很大，中国企业需要确保供应链的稳定；另一方面，中国企业对日本认同感更高，无论是品牌效应还是企业文化，这种认同感主要来自改革开放以来日本企业对中国市场的运营。撤离中国的行为会弱化中日之间的市场联系和认同感，抑制新兴的中国资本对日本的投资行为。

### （二）对中国经济的影响

首先，日资撤离可能恶化和增加中国部分地区的就业形势与经济发展压力。日资撤离主要集中在生产领域，劳动力释放规模大，且主要集中在广东、山东、辽宁等日资相对集中地区，可能增大局部性就业压力和引发短暂性资金短缺。过去1年里，在华日企裁减了32.8%的当地雇员，并计划今后再裁减22%。山东、辽宁等地的日企裁减当地雇员的比例更是分别高达38.8%和40.6%。[②]

其次，日资撤离对中国的对外贸易造成一定影响。中国为出口导向型国家，2006年对外贸易依存度为67%，随后虽逐年下降，但进出口贸易的稳定关乎中国总体经济状况。从对中国对外贸易总体的影响来看，2015年中日贸易连续4年负增长，撤资行为降低了日本企业在华业务量及对华进出口规模是主要原因之一，中日贸易规模的萎缩一定程度影响了中国对外贸易的发展。从对中日贸易的影响来看，日资撤离将减少在华日本企业对日本的出口，削减中国对日本出口规模，进一步恶化中日贸易失衡状况。2014年，中国对日本贸易逆差高达840.4亿元，比2013年增长10.5%。

再次，日资撤离会影响与日本企业关系密切的中国企业的合作发展规划和战略实施，如技术开发合作、业务合作等，同时还会削减中国企业对日出口规模，使这些中国企业出口订单锐减，面临经营上的困境。

---

① 日本貿易振興機『直接投資統計・日本の国・地域別対内直接投資（国際収支ベース、ネット、フロー）』，https://www.jetro.go.jp/ext_images/world/japan/stats/fdi/data/country2_14cy.xls。

② 日本貿易振興機『2015年度アジア・オセアニア進出日系企業実態調査—中国編—』，2015年12月，https://www.jetro.go.jp/ext_images/_Reports/01/0b534b5d88fcc897/20150116.pdf。

最后，日资撤离可能会导致中国吸收外资的结构发生变化，由此带来贸易模式和结构、企业合作方式等方面的改变。1985 年，日资占中国引进外商直接投资总额的 16.1%，日本模式也成为中国企业学习借鉴的主要对象，2015 年该比例跌至 2.5%，低于新加坡，这必然会对中国企业对外业务开展方式造成影响。

当然，日本对华撤资也为中国带来了机遇。随着日本资本影响力的降低，中国本土企业迎来抢占市场的机遇。从电子产品到汽车，日本品牌市场占有率的下降为中国本土品牌市场占有率的提升创造了机会。另外，日本撤资降低了中国经济对日本的依赖，而中国可以通过加强对日投资提高日本经济对中国的依赖性。

另外，日本撤资不利于中日双边关系的缓和。中日之间经济互相依赖程度因日本撤资而降低，共同经济利益的减少使经济对中日关系的润滑作用有所减弱。日本对华直接投资规模下降和撤资行为的增加，削弱了中日之间的资本纽带联系，从而削弱了日本民间舆论对日本政府对华政策转变的影响力和批判力。

## 四　日本对华直接投资的变化趋势

### （一）日本对华直接投资的未来走势

近几年，日本对华直接投资持续减少，但今后随着全球经济的缓慢复苏，在规模上应有所反弹。据中国商务部统计，2016 年 1～2 月，中国实际利用日本投资额为 6.6 亿美元，同比增长 10%，高于中国实际利用外资总额增长率（2.7%），态势良好。

日本对华直接投资受多方面因素的影响。从中国方面来看，经济增长、结构调整等宏观经济因素和企业竞争能力、消费者行为等微观经济因素都影响着日本对华直接投资反弹程度。从日本来看，日本经济发展状况以及日元汇率走势、劳动力市场、原材料市场能否适应制造业回归等因素也会影响日本对华直接投资的未来趋势。从全球来看，东盟经济发展能否保持较高增速，各国的基础设施、政策支持、劳动力素质能否满足日本企业日益扩大的业务也还需要考量。发达国家经济虽然在 2014 年得到一定程度的恢复，但与经济危机前相比仍有较大差距。从政治外交方面看，目前，中日政治关系对经济关系的影响逐步增强，因而经济作为两国关系缓冲带的作用日趋下降。如果政治关系恶化程度较深，即使经济因素允许，日本企业也难以增加对华投资。除中日关系外，中东难民潮、朝鲜核试验、中国南海主权纷争等国际政治事件，都可能影响到美国及欧盟的经济稳定，从而迫使日本企业重新考虑投资方向。

## （二）日本企业对华未来的投资方向

虽然对华投资总体规模相对下降，但是日本企业更多在考虑投资结构的优化，而非简单的撤资收缩。制造业结构的调整及非制造业领域收益的上升推动了日本对华直接投资收益自 2013 年以来逐年增加，2013 年为 88.7 亿日元，2014 年增加到 90.4 亿日元，2015 年猛增至 139.3 亿日元。[①] 其中，制造业领域收益所占比例从 2014 年的 77.3% 下降至 2015 年的 68.5%，非制造业领域收益从 2014 年的 20.5 亿日元上升至 2015 年的 43.9 亿日元，所占比例也相应上升。同时，尽管制造业领域投资额在下降，但是产生的收益却在上升，可见日本企业根据中国市场的发展进行相应的业务结构调整，缩小了投资规模，但获得了更大的收益。

根据目前日本企业尤其是制造业企业的业务调整状况，可以判断出其未来对华的投资方向。

首先，指向销售领域。劳动力成本上升、市场竞争日益激烈降低了中国作为生产据点的吸引力，但中国消费者日渐重视销售、售后服务等服务质量。日本企业会以此从重生产转向重销售，推动产品销售服务本地化。据日本帝国数据银行 2014 年的调查，拥有海外业务的日本企业将中国视为开展销售业务的第一选择。[②]

其次，聚焦中高端制造业领域。中国在基础设施、产业集群等方面具有大多数新兴经济体并不具备的优势，相对成熟的制造业环境使中国可以成为发展中高端制造业的理想地区。剔除低端产品生产线，集中发展中高端产

① 日本银行『国際収支統計』，http：//www.boj.or.jp/statistics/br/index.htm/。

② 帝国データバンク産業調査部『特別企画：海外進出に関する企業の意識調査：海外進出企業のうち4 割が撤退を検討～今後の生産拠点で最も重視する国、「ベトナム」がトップ～』，2014 年 10 月 15 日，https：//www.tdb.co.jp/report/watching/press/pdf/p141003.pdf。

品，是日本制造业未来的经营方向。日本企业不仅关闭了在华低端制造业生产据点，而且竞争力下降的家电、消费类等电子产品生产业务也在抓紧撤离中国。随着日本制造业战略转型的推进，日本企业也将在中国投资新兴产业生产线，抢占新兴产品市场。前文所述的日本对华制造业投资从电子、汽车行业向化学医疗、精密机械行业转移验证了这一趋势。

最后，强化第三产业，包括金融业、批发和零售业、餐饮业等。随着中国国民收入结构的变化，第三产业成为快速发展领域，其投资收益也迅速上升。2013 年，中国第三产业产值首超第二产业，成为产业结构变化的分水岭。市场容量的快速膨胀，吸引日本企业将投资集中于第三产业。

进一步讲，从具体行业来看，日本企业在化学、纤维、食品产业上的海外扩张意愿要明显高于其他产业，同时纤维和食品产业在日本国内的扩张意愿也较高，显示出日本产业发展向轻工业一定程度的回归。日本化学产业国内扩张意愿不高，但海外扩展意愿很强，并且是制造业中对华扩张意愿最高的，可以预测日本化学产业可能会加强对华投资。① 投资向轻工业的回归，也可能标志着在制造业发展趋势的影响下，农业、食品、材料等产业也向着信息化方向发展，促进产业交叉，使制造业从以提供产品为主向以提供综合解决方案为主转变，构建多行业融合的解决方案市场，为满足全球的新兴需求做准备。

# The Current Situation, Causes and Influence of the Japanese Disinvestment from China

*Cui Jian, Chen Tinghan*

**Abstract**: Japan's direct investment in China has continually declined and its proportion of investment in China has also decreased since 2013. Meanwhile, some Japanese enterprises disinvest to different degrees in some industries and

① 国際協力銀行『わが国製造業企業の海外事業展開に関する調査報告』，2015 年 12 月，https：//www. jbic. go. jp/wp-content/uploads/press_ ja/2015/12/45904/Japanese1. pdf。

regions in China. These factors trigger Japan's disinvestment such as the worsening relationship between China and Japan, the economic situations of both countries, the operational conditions of the Japanese enterprises in China, and the changing international situation. The increase of Japan's disinvestment from China will have influence on the economic development of both countries and the restoration of bilateral relations. However, Japan's disinvestment has also brought opportunities for the development of Chinese enterprises. In addition, it deserves serious attention to the Chinese strategic deployment including the transformation of the Chinese enterprises with the change of market pattern, the development of informatization intersecting industry with the next generation of manufacturing industry, and its future trend of development.

**Keywords**: Japan; Outward Direct Investment; Disinvestment; Manufacturing Industry; Tertiary Industry

# 东亚区域经济合作转型与中日基础设施建设竞争分析*

马学礼　陈志恒**

【内容提要】2008 年全球金融危机之后，东亚区域经济合作开始了从“东亚合作”到“泛亚合作”、从“浅度一体化”到“深度一体化”、从“以东盟为中心”到“东盟主导地位削弱”的转型过程，其中最为关键的影响因素就是中日之间的竞争，特别是日本对华的“消极竞争”行为。亚洲基础设施竞争是东亚区域经济合作转型的集中体现，也是现阶段中日竞争的焦点，主要表现在基础设施建设领域的项目竞标、全产业链和技术标准等方面，这对未来的区域经济合作既有消极影响，也有积极影响。

【关键词】合作转型　中日竞争　亚洲基础设施建设

* 本文得到教育部人文社会科学重点研究基地重大项目“中日韩国家关系新变化与区域合作战略”（16JJDGJW006）、吉林省教育厅“十三五”社会科学项目“长春市建设东北亚区域性中心城市相关问题研究”（JJKH20180265SK）、吉林省教育厅“十三五”社会科学研究项目“吉林省城乡统一建设用地构建及利益分配关系研究”（编号：吉教科文合字 2016 第 67 号）资助。

** 马学礼，经济学博士，河北大学经济学院日本研究所讲师，吉林大学日本研究所特约研究员，研究方向为日本经济、亚洲区域经济合作和国际政治经济学；陈志恒，经济学博士，吉林大学东北亚研究院世界经济研究所教授、博士生导师，日本研究所研究员，研究方向为日本经济、东北亚区域经济。

东亚区域经济合作一直处于理想与现实之间,[①] 是一个充满矛盾的进程，本文旨在剖析东亚区域经济合作的最新动态；同时，鉴于东亚区域经济合作的“危机驱动型”特点，本文将重点分析全球金融危机之后（2009 年以来）东亚区域经济合作的转型,[②] 并思考中日两国在区域经济合作转型进程中的基础设施建设（以下简称“基建”）博弈及其影响。

## 一　东亚区域经济合作的转型

### （一）合作成员的扩大：从“东亚合作”到“泛亚合作”

目前，东亚地区最具影响力的两个区域经济合作构想分别是东盟主导的“区域全面经济伙伴关系”（RCEP）和中国引领的“一带一路”倡议，尽管这些构想的核心倡导国都位于东亚地区，但其涵盖范围都不可避免地泛化到严格地理意义上的东亚之外；而从近期日本经济外交的战略方向来看，其构建区域经济合作体系的中短期目标也发生了重大改变，即由构建以日本为核心的东亚经济圈转变为建立亚太经济合作体系，并将亚洲作为其重点经营地区。[③]

（1）东盟主导的 RCEP 谈判。在东亚区域的“10 + 3”经济合作陷入僵局、美国全面介入东亚合作的大背景下，东盟必须构建更具吸引力的区域合作平台，这不仅关系到东盟内部的发展和稳定（吸引外部资源以促进自身发展），更关系到东盟在地区格局中的地位。2011 年，东盟提出建立以自身为中心的 RCEP，这一合作构想终结了东亚区域经济合作路径的“10 + 3”和“10 + 6”之争，正式将成员扩大为“10 + 6”。目前，RCEP 不仅包括东盟 10 国与中日韩 3 国（“10 + 3”），而且包括南亚的印度和大洋洲的澳大利亚、新西兰。相对于之前的“10 + 3”而言，区域经济合作的成员范围已经泛化到严格地理意义上的“东亚”之外；而且，印、澳两国也主动参与东

① 张蕴岭：《在理想与现实之间——我对东亚合作的研究、参与和思考》，中国社会科学出版社，2015，第 1 ~ 10 页。

② 马学礼：《东亚经济合作中的区域公共产品供给研究》，博士学位论文，吉林大学，2016。

③ 陈友骏：《日本亚太区域经济合作战略研究》，《日本学刊》2017 年第 2 期。

亚和亚太地区事务，积极扩大自身影响力。[①]

(2) 中国引领的“一带一路”倡议。2013年10月，中国召开“周边外交工作座谈会”，在该次会议上，中国已经明确将“找准深化同周边国家互利合作的战略契合点、构建与周边国家的命运共同体”作为未来外交工作的重点方向；在区域经济合作领域，中国正在以“周边命运共同体”思想指导与周边国家的“一带一路”建设工作。中国已经深刻认识到，无论在地缘位置上还是在相互关系上，周边地区对我国都具有极为重要的战略意义，开展全方位、立体式、多元化的周边经济外交是巩固“崛起战略依托带”的需要。[②] 在今后的区域经济合作中，中国所要处理和经营的不仅是与“10+3”等东亚国家的关系，还包括与俄罗斯和中亚的关系、与南亚的关系等。[③] 这意味着中国周边区域观的回归，即超越“东亚中心”的认知，把大周边地缘区域作为一个整体来营造。[④]

(3) 日本将区域经济合作的“亚洲化”视为长期战略。二战后，日本始终将“整合亚太经济”视为重要的战略目标；进入21世纪以来，日本确实曾对东亚地区的双边FTA/EPA热情高涨，但这仅是迫于整体推进的现实困难等多重制约因素所采取的务实性政策，尤其是出于抵消中国日益上升的地区影响力的考虑。[⑤] 伴随着亚洲地区新兴经济体的崛起，日本日益重视亚太地区的发展潜力，2009年以来，为了顺应企业寻找海外商机的趋势和最大限度地发挥资本输出的政治经济功能，日本政府提出促进基础设施出口的国家级战略；安倍晋三第二次执政后，更加重视亚洲地区的发展潜力，不仅将基础设施海外拓展战略系统化，推出“基础设施系统出口

---

① 沈铭辉：《东亚经济体FTA战略比较》，张蕴岭、沈铭辉主编《东亚、亚太区域合作模式与利益博弈》，经济管理出版社，2010，第96~102页。

② 王俊生：《中国周边命运共同体构建：概念、内涵、路径》，《国际关系研究》2016年第6期，第45~58页。

③ 张蕴岭：《中国与周边关系：命运共同体的逻辑》，《人民论坛》2014年第6期，第36~38页。

④ 张蕴岭：《中国的周边区域观回归与新秩序构建》，《世界经济与政治》2015年第1期，第13页；刘振民：《坚持合作共赢携手打造亚洲命运共同体》，《国际问题研究》2014年第2期，第1~10页。

⑤ 陈友骏：《日本亚太区域经济合作战略研究》，《日本学刊》2017年第2期。

战略”,[①] 而且设立了“经济协作基础设施战略会议”作为促进基础设施出口和海外投资的“总司令部”，并将投资目标主要锁定在亚洲地区。[②]

### （二）合作内容的演进：从“浅度一体化”到“深度一体化”

如果说亚洲金融危机使东亚各国意识到制度性的区域经济合作的紧迫性，那么全球金融危机则使东亚各国意识到深化区域经济合作的紧迫性。2008 年全球金融危机给东亚各经济体带来了巨大冲击，使东亚各国意识到拓宽合作领域、深化合作层次、提升合作水平以实现深度经济一体化[③]的重要性和紧迫性。

从现实需求来看，东亚区域贸易合作体系建设已经初见成效，但是各国城市化进程的快速推进和区域生产网络的精细化趋势凸显出区域基础设施网络缺失对地区经济持续繁荣的威胁。正是在这一背景下，中国和日本等地区经济强国开始将合作内容的重点转向基础设施建设领域。

从中国方面来看，构建“周边命运共同体”的核心内容是以基础设施建设整合地区生产网络，以制度规章等软件建设降低跨境经济活动的交易成本，以人文交流夯实区域经济合作的社会根基，其中基础设施互联互通处于优先地位。区域基础设施常被视为“开发类区域公共产品”，这凸显出基础设施在改善地区发展环境、增强地区发展“后劲”方面的重要作用。从功能来看，区域基础设施着重于消除影响区域经济一体化的自然障碍，以全方位、立体化、网络状的基础设施推进中国与周边国家经济的互联互通，并带动区域贸易合作机制、区域投资合作机制、区域开发援助机制、区域金融合

① 具体来说，日本“基础设施系统出口战略”划定的区域有“东盟区”、“南亚、西亚、中东、俄罗斯及其他独联体国家、中南美区”、“非洲区”和“发达国家”四大类，其中亚洲地区占有重要位置。第 24 回経協インフラ戦略会議「インフラシステム輸出戦略（平成 28 年度改訂版）」。

② 杨伯江、刘瑞主编《“一带一路”推进过程中的日本因素》，中国社会科学出版社，2016，第 207 页。

③ 一般认为，“深度经济一体化”是相对于“浅度经济一体化”而言的，其本质是各经济体深度相互依赖的过程与状态。相关研究参见东艳、冯维江、邱薇《深度一体化：中国自由贸易区战略的新趋势》，《当代亚太》2009 年第 4 期，第 111 ~ 137 页；马学礼《重塑规则还是整合地缘：亚太经济深度一体化的模式之争》，《东南亚研究》2015 年第 5 期，第 54 ~ 62 页。

作机制等一系列合作机制的整合。①

从日本方面来看，构建以日本为中心的价值链分工体系并通过市场驱动的深度经济一体化制定新型贸易投资规则，已经成为其区域经济合作战略的重要战略目标。规则导向与功能导向并重的深度经济一体化已经成为日本区域经济合作战略的既定目标，2016 年年末，日本国会众议院终于批准了 TPP 相关法案，尽管此后美国特朗普政府宣布退出 TPP，但是日本显然不愿意放弃 TPP 及其背后的高标准经济规则，因此，日本政府表态："即使没有美国参与，也要继续推动这项贸易协议。"当然，日本并没有局限于这种单一的方式，而是双管齐下：既从规则层面"推动"，也从市场层面"拉动"，大力推动其"基础设施系统出口"战略，强调从物理层面、制度层面和人员技术方面实现该地区的深度相互依赖。

### （三）合作主导权的变化：东盟中心地位的不确定性

东盟国家因经济发展水平差异，本身就存在"老东盟"与"新东盟"之分，在美国推出和退出 TPP 的过程中，东盟内部的"双轨制"特征愈加明显。② 从目前来看，东盟不惜"以质量换时间"推动 RCEP 谈判，将澳、新（加坡）、印拉入区域经济合作框架，意在重建东亚各国对区域经济合作的信心，同时维护自身在区域经济合作格局中的主导地位。

与此同时，东盟已经深刻地意识到，要继续成为区域经济合作格局的中心就必须加强内部的联合，因此大力推动东盟经济共同体（AEC）建设。尽管东盟经济共同体建设面临诸多结构性障碍和技术性困难，③ 尽管此前学界都对如期建成东盟经济共同体持怀疑态度，但在各方的努力和妥协之下，东盟 10 国领导人终于在 2015 年底举行的第 27 届东盟峰会上签署了《吉隆坡宣言》，正式建成以东盟安全共同体、东盟经济共同体和东盟社会文化共同体为支柱的东盟共同体。

实际上，东盟之所以能成为区域经济合作的主导方，取决于三个条件：

---

① 马学礼：《东亚经济合作中的区域公共产品供给研究》，博士学位论文，吉林大学，2016，第 83 页。

② 李向阳：《跨太平洋伙伴关系协定：中国崛起过程中的重大挑战》，《国际经济评论》2012 年第 2 期，第 26 页。

③ 宋颖慧：《东盟经济共同体建设现状及其前景》，《现代国际关系》2014 年第 11 期。

一是比起其他国家，东盟更具推进地区合作的经验，比如“东盟模式”[①]；二是东亚和亚太地区尚未形成大国协调机制，因此需要借助东盟搭建的平台；三是东亚和亚太地区也没有其他更具吸引力的合作平台，也就是没有“可替代品”。[②] 只要这三个条件同时具备，东盟就能最大程度地发挥其主导作用，而缺少一个条件，东盟就将缺少一分主动权。但是，这三个条件在深度经济一体化和大国提出竞争性合作构想的情况下逐渐弱化：第一，美国先是主导、后是退出 TPP，这一过程体现了东盟内部的离心力，因为东盟内部至少有一半国家参加或有意参加了 TPP 谈判，尽管现在 TPP 基本被废弃，但是美国掀起的“逆全球化”潮流必然对东盟主要依赖外资与外需的经济结构带来挑战，在经济不景气的阴影下，东盟能否继续坚持并推进其内部合作具有极大的不确定性；第二，中国和日本无法形成类似欧洲的法德轴心，而且双方战略目标日益背离，东盟无法在其间长期维持“脆弱的平衡”，而一旦东亚两大强国之间的平衡被打破，对于东盟来说，最坏的前景还仅非失去在区域经济一体化进程中的主导地位，甚至其本身都有可能分化、瓦解。总之，东盟未来能否继续成为泛亚区域经济合作的中心具有不确定性，即使成为名义上的中心，能否在合作进程中真正实现主导权也是不确定的。

## 二　东亚区域经济合作转型中的中日竞争关系

东亚区域经济合作是“竞争中的合作”，特别是中国与日本之间的竞争贯穿于整个区域经济合作进程之中，对合作的方向和进度都起到了根本性作用。但是，在不同时期，中日竞争有不同的表现形式，其影响也大不相同。

### （一）合作起步期：中日之间的“积极竞争”

东亚制度性的区域经济合作始于 1997 年亚洲金融危机，它使东亚各国认识到加强地区内部合作、共同抵御外部风险的重要性，其内容是以东盟和

① 张云：《国际政治中“弱者”的逻辑》，社会科学文献出版社，2010。

② 张伯伟、彭支伟主编《全球视角下的东亚经济合作研究》，南开大学出版社，2014，第 102 页。

中日韩的联合为主要特征，由一系列双边、诸边或多边协议共同构成，形成了市场和制度双重驱动下的多层次合作机制，[①] 其标志性成果是纵横交错的地区双边 FTA 网络的建立。

东亚区域经济合作之所以能有效展开，最重要的一点是东亚地区主要大国——中日双方之间的关系是“积极竞争”关系；而根据“格里科模型”和“斯奈德模型”，要想使国际合作易于实现，就需要各国将绝对收益作为主要追求的预期收益类型，也就是具有较高的绝对收益敏感性。[②] 在东南亚区域经济合作进程中，尽管中日双方的目标函数存在差异，收益也体现在不同领域，但中日两国都将绝对收益作为主要决策变量：[③] 从中国方面来看，中国推动东盟主导的东亚区域经济合作除了经济收益外，最主要的还是想营造本国发展所需要的周边安全环境，消除“中国威胁论”，这是中国稳定周边局势的重要举措，也是中国最为看重的政治收益，因此中国积极推动东亚区域经济合作；从日本方面来看，在东亚区域经济合作的起步阶段，地区力量对比尚未实现结构性的转变，中国刚刚融入地区生产网络和世界市场，其经济实力远未达到与日本比肩的地步，与中国联手推动东亚区域经济合作还能使日本企业获得更多的海外商业机会。此外，也许更为重要的是，中国与东盟的区域经济合作使日本受到很大的刺激，特别是中国在东南亚金融危机期间“承诺人民币不贬值”的积极行动与日本“以邻为壑”的汇率政策形成了鲜明对比，日本意识到，只有参与这一集体行动并与东盟和中、韩等国共建区域合作机制，才能减轻中国带来的地区压力。

正是基于以上种种考虑，中国和日本联手推动以东盟为中心的区域经济合作进程，特别是在中日之间良性的“积极竞争”行为的推动下，东亚掀起一波双边 FTA 建设浪潮，以共同利益弥合政治冲突，稳定地区局势，促进了整个合作进程的展开。[④]

---

① 马学礼：《东亚经济合作中的区域公共产品供给研究》，博士学位论文，吉林大学，2016，第 93 页。

② Duncan Snidal, "International Cooperation Among Relative Gains Maximizers," *International Studies Quarterly*, Vol. 35, No. 4, 1991, pp. 387 - 402; Duncan Snidal, "Relative Gains and the Pattern of International Cooperation," *American Political Science Association*, Vol. 85, No. 3, 1991, pp. 701 - 726.

③ 李向阳：《新区域主义与大国战略》，《国际经济评论》2003 年第 7 期，第 7 ~ 8 页。

④ 马学礼：《东亚经济合作中的区域公共产品供给研究》，博士学位论文，吉林大学，2016，第 78 页。

## （二）合作转型期：日本对华的“消极竞争”

如果说二战后影响日本区域经济合作战略的主要外部因素是美国的亚太及全球战略的话，那么，随着地区实力格局的整体变化特别是中国日益崛起为经济强国，美国因素在日本对区域经济合作战略考量中的比重日渐下降，而中国因素对日本区域经济合作战略的外部刺激作用却在持续增强。①

2013 年，中国提出“一带一路”倡议，并得到 60 多个沿线国家和国际组织的积极支持；此后，中国提出并筹建了亚洲基础设施投资银行（AIIB）和多个致力于与新兴经济体和发展中国家合作的金融机构，并在其中发挥了积极的引领作用。面对中国在短时间内所取得的巨大成果，日本国内保守势力产生了恐慌与焦虑的心理，对中国的良好合作意愿产生了防范与警惕的战略心理，这对其区域经济合作战略产生了重大影响，日本开始对区域经济合作的预期收益重新进行判断和选择，而其根本原因在于地区实力格局的转换。

在国际合作当中，各国对收益类型（相对收益与绝对收益）的关注主要取决于相互间的实力对比：② 当各国实力对比发生剧烈变动、相对实力地位发生变化乃至反转时，各国将更加注重相对收益，尤其是实力相对下降的国家，此时收益分配格局将随实力对比格局变化进行“再匹配”，反映新的实力对比格局的收益分配格局是影响区域合作的关键因素。③ 2008 年全球金融危机后，东亚地区的实力格局发生重大转换：2010 年中国经济总量超越日本，成为全球第二大经济体，尽管近些年中国经济开始转入“新常态”，但仍然继续保持着平稳增长的良好势头；反观日本，“安倍经济学”并没有使日本经济摆脱长期低增长的困境，而在“少子老龄化”等众多因素影响下，日本经济面临平稳衰落的风险。④ 中日经济迥然不同的发展趋势使两国的实力对比日趋悬殊，日本在东亚经济中的“火车头”和“发动机”地位

① 陈友骏：《日本亚太区域经济合作战略研究》，《日本学刊》2017 年第 2 期。

② Robert Powell," Stability and the Distribution of Power," *World Politics*, Vol. 48, No. 2, 1996, pp. 239 - 267.

③ 马学礼：《东亚经济合作中的区域公共产品供给研究》，博士学位论文，吉林大学，2016，第 78 页。

④ 金京淑、马学礼：《人口老龄化困境中的“安倍经济学”——兼评日本经济增长的前景》，《现代日本经济》2015 年第 3 期。

已经被中国取代，日本正在逐渐丧失争夺东亚经济合作主导权的实力。因此，尽管中国多次表达了善意，但日本对“一带一路”的矛盾心理更加严重：一方面，日本对深度一体化的东亚区域经济合作有着巨大的需求（如给日本企业带来更多的商业机会）；另一方面，又担心中国成为东亚区域经济合作的中心。从现实来看，日本对东亚经济合作主导权的竞争已经转变为“消极式”的，即防止中国取得合作的主导权。[①] 总之，中日间的实力对比影响了日本对区域经济合作收益的关注点，决定了其对华“消极竞争”的行为，进而改变了其区域经济合作战略。

## （三）中日基建竞争：东亚区域经济合作转型的集中体现

近年来中日经济外交日益突破传统的双边议题和地域束缚，呈现出鲜明的区域指向。[②] 从目前来看，中日经济博弈的焦点在亚洲地区，特别是基础设施建设领域：中国引领的“一带一路”建设是包括基础设施互联互通在内的亚洲地区全方位连接，[③] 而日本也大力推进其“基础设施系统出口战略”，抢滩亚洲基础设施市场。最重要的是，双方都并未拘泥于单个基建项目，而是着眼于整个亚洲地区基础设施的互联互通及与之相关的深度经济一体化进程，也就是说，中日两国在亚洲基建领域的投资竞争已经超出了狭窄的双边范畴，因而集中体现为近期东亚区域经济合作的转型。

第一，双方在区域基础设施的建设与合作当中，都没有将地理范围局限在东亚地区，而是拓展到包括中亚、西亚、南亚等在内的广大亚洲地区。从中国方面来看，“一带一路”前期推进的重点就是与亚洲地区特别是与周边国家基础设施的互联互通，如中蒙俄、新亚欧大陆桥、中国－中亚－西亚、中国－中南半岛、中巴、孟中印缅六大经济走廊全部位于中国周边，“一带一路”首先密切了中国与周边国家的关系，其直接受益者就是周边国家；从日本来看，以“一揽子基础设施出口计划”为蓝本，安倍内阁在 2013 年 5 月提出了“基础设施系统出口战略”，而亚洲地区是日本基础设施海外拓

① “五通”指的是道路联通、贸易畅通、货币流通、政策沟通、人心相通。马学礼：《东亚经济合作中的区域公共产品供给研究》，博士学位论文，吉林大学，2016，第 172 页。

② 贺平、陆诗怡：《中日经济外交的区域权执相争》，《日本学刊》2017 年第 2 期。

③ 需要说明的是，“一带一路”有着多层次的含义、综合性的目标和全方位的影响，限于笔者能力和讨论范围，本文仅分析其对区域经济合作，特别是东亚区域经济合作的影响。

展的重点区域，其直接经济目的是促进地区内的零部件和产品贸易，进而确保日本企业始终位于区域供应链的上游，强调对本地区内部基础设施网络的整合，强化地区内部的商品、资金和人员流动网络，[①] 形成所谓的“亚洲经济走廊”，即连接印度、孟加拉国、缅甸和泰国的“东西走廊”以及横跨印度南部、尼泊尔和不丹的“南北走廊”。[②] 此外，由于日系企业多年来的深耕细作，日本注重发挥民间力量配合其国家战略，日本企业正在加大投资印度尼西亚、越南、缅甸和印度等人口众多、拥有巨大市场潜力的国家。作为日本最大的经济团体，经团联从 2013 年起就非常关注亚洲地区的发展潜力，连续多年出台报告指导日本企业有序开展对亚洲基建领域的海外投资（见表 1）。[③]

**表 1　日本经团联对亚洲国家基础设施重点投资领域的细分**

| 国家或地区 | 重点投资领域 |
| --- | --- |
| 整个亚洲 | 物流基础设施:铁路,机场,港口,LNG 接收站等。电力基础设施:高效率的燃煤发电(超超临界燃煤发电,煤气化联合循环),可再生能源(地热发电等),电网(包括海底电缆)。通信基础设施:适用于中小型企业的基础设施、工业园区及周边基础设施。水利基础设施:供水和污水处理,海水淡化,水质净化。电子政务:利用 ICT 的进出口通关制度,社会保障体系等。交通基础设施:智能交通系统、一体化的智能卡与缴费系统。网络安全基础设施 |
| 印度尼西亚 | 电力基础设施:35GW 电力开发规划,包括超超临界燃煤发电,地热能,小水电,海上 LNG 发电等。电力相关的周边设施:道路,电网,海上 LNG 接收终端等。雅加达大都市区投资促进特别区域(MPA)的优先级业务:雅加达城市高速铁路(MRT),供水和污水处理等。近海油气田的开发。石油炼制与石化工厂。优势环保技术的传播。防灾:利用卫星和信息通信技术的灾害(洪水、地震和海啸)预警系统;通信基础设施:工业园区。电子政务:信息通信技术在社会保障体系的运用;网络安全 |
| 菲律宾 | 电力基础设施,包括火力发电厂、水力发电厂、地热发电、送电网及周边地区的系统开发。物流基础设施投资:苏比克港和八打雁港的维修以及道路的改进;马尼拉新机场建设及周边基础设施(铁路、道路等)。城市轻轨:连接市区和郊区的通勤线路。工业园区。采用日本式地上数字放送技术的相关事业开发:交通拥堵信息和防灾信息发布系统;FIT(可再生能源固定价格收购)制度在地热发电中的应用 |

① 第 24 回経協インフラ戦略会議「インフラシステム輸出戦略（平成 28 年度改訂版）」。

② 《日本与印度将共同推进“亚洲经济走廊”》，人民网，http：//japan. people. com. cn/n/2014/0120/c35463 - 24170042. html，2014 - 01 - 20。

③ 日本経済団体連合会「国際協力 - 戦略的なインフラ・システムの海外展開に向けて」，http：//www. keidanren. or. jp/policy/2016/106. html。

续表

| 国家或地区 | 重点投资领域 |
|---|---|
| 越南 | 骨干基础设施:电力(火电,核电,电网,变电站)、公路、桥梁、铁路、机场、港口、供水和污水处理系统、工业废水处理系统、液化天然气基地;工业园区及周边地区的基础设施。电子政务:利用信息通信技术的土地登记制度、社会保障制度和通关制度等;金融体系和金融市场的发展;智能交通系统;通信基础设施;网络安全;医药分销系统。自然资源和能源:海上石油和天然气的开发 |
| 缅甸 | 物流基础设施:铁路、公路、港口、机场和桥梁等,特别是仰光环线道路和通往泰国等周边国家的道路;电力基础设施。天然气进口基础设施:海上 LNG 接收终端、LNG 的存储基地和运输管道等。中小型企业工业园区的开发以及周边的基础设施。水利基础设施:供水和污水处理系统、海水淡化和水质净化系统基础设施的建设及运营。自然资源和能源:海上石油和天然气的开发。迪拉瓦经济特区:铁路、公路、港口和桥梁,仰光与迪拉瓦之间的道路 |
| 泰国 | 电力基础设施,如煤气化联合循环发电系统,智能电网;光缆;工业园区;高速铁路和城市轨道系统;防灾基础设施;供水系统和污水处理系统;废弃物处理;网络安全等 |
| 印度 | 电力基础设施:燃煤发电(包括超临界压力)、核电、可再生能源发电、电网、变电站、系统稳定技术(大容量储能电池)等。高铁:孟买—艾哈迈达巴德项目。城市交通:地铁维修等;德里 - 孟买工业走廊(DMIC)和钦奈 - 班加罗尔工业走廊计划(CBIC)的推进;智能城市。工业园区:支持中小企业产业集群的发展;供水和污水处理系统(包括海水淡化和废水回收利用) |
| 孟加拉国 | 电力基础设施,如燃煤发电、进口煤炭中转基地,配送电网络,电力系统的国际互联互通;工业园区;达卡城市交通系统;防灾基础设施;通信基础设施 |
| 巴基斯坦 | 超临界火力发电厂;卡拉奇城市交通系统 |

资料来源：日本経済团体連合会「戦略的なインフラ・システムの海外展開に向けて - 主要国別関心分野ならびに課題 2016」。

第二，基础设施建设意在补齐亚洲可持续增长的“短板”，夯实地区经济增长的基础，改善投资环境，因而也是各国之间深度相互依赖的过程。

第三，区域基础设施建设主要由地区内经济实力雄厚的大国也就是中日来引领，地区内其他国家主要是基础设施建设的需求方。从中国方面来看，“一带一路”建设中的基础设施互联互通旨在使中国与亚洲尤其是周边各国的发展战略和基建规划对接，通过加强物流和交通运输方面的合作整合区域生产网络，带动贸易投资合作，促进地区统一市场的构建,[①] 并以制度规章

① 孟夏主编《亚太区域经济合作发展报告 2014》，高等教育出版社，2015。

等软件建设解决影响互联互通在制度、政策、标准等方面的问题。从日本方面来讲，日本加紧布局亚洲基础设施市场，将促使区域经济合作的内容由贸易合作转变为以基础设施建设为核心的区域产能合作，强调基础设施项目的“投建营一体化”，以此形成涵盖项目设计、设备贸易、工程建设、装备制造、金融保险、监管运营等领域的全方位合作。可以看到，无论是中国还是日本，其试图以基础设施为突破口的国际产能合作不仅涉及产品和服务贸易，而且涉及投资准入、企业运营、规章制度等各个层面，其对东道国经济融入程度之深是以往的以关税减让和非关税壁垒削减等为主的传统贸易合作所无法比的，其趋势必然是形成以生产领域的深度相互依赖为基础的区域经济共生体系。

## 三　中日基建竞争的主要表现及对“一带一路”推进的影响

### （一）中日基建竞争的主要表现

尽管具体基础设施项目的建设方案是通过竞标产生，但中日基础设施建设竞争已经超出了单纯的商业竞标范畴，这不仅体现在双方在基础设施项目上的竞争，而且表现在全产业链和技术标准等领域的竞争，带有浓厚的国家战略竞争色彩，特别是日本的基础设施海外拓展战略日益展现出“锁定”中国的竞争意图，这些都深刻体现了区域经济合作转型的复杂性。

**1. 基建项目之争**

中日两国在基础设施建设领域的竞争首先体现为双方对相关基建项目的争夺，特别是在交通（如高速铁路和公路）、电力、能源、通信、船舶和海洋工程等重点领域。日本政府领导人亲自参与大型基建项目的海外推销（“首脑推销”），尤其注重利用各种外交场合向重点地区如东南亚国家推荐其高铁等基础设施产业，并承诺帮助东道国改善就业，同时提供全套技术与相关设备；而中国领导人为了扩大“一带一路”的影响力和实现国际公共产品供给，也在多个国际场合推介中国的高速铁路，并加紧推进国际产能合作。无论中日双方战略目的有何不同，都在客观上都产生了竞争效果。例如，在泰国高速铁路、连接雅加达和万隆的印尼“雅万高铁”项目、连接新加坡和吉隆坡的“新马高铁”项目和印度的“孟买—艾哈迈达巴德高铁”项目上，中国和日本都曾展开激烈的角逐。[①] 此外，两国政府鼓励本国企业在东道国开展“广域开发”，也就是不仅要以此为基础开展跨国交通基础设施建设，而且希望拿到铁路沿线的土地开发权，将交通基础设施项目与周边地区和城市的其他基础设施领域开发相结合，以此进一步拓展本国基础设施产业的海外市场，这无疑将使中日基建竞争在更大范围内展开。[②]

由于海外基础设施项目多是投资金额大、资本回报慢、政治风险不可控的大型项目，很多大型银行和公司对亚洲基建投资十分警惕，因此基建项目的融资是需要最先解决的问题，也是中日基建项目竞争的“重头戏”。在融资支持方面，为了集中各国力量建设亚洲基础设施，2014 年 10 月，中国与印度、新加坡等 21 个国家共同决定成立亚洲基础设施投资银行（AIIB），旨在促进各国基础设施的互联互通，法定资本为 1000 亿美元；时隔不久，2015 年 5 月，日本首相安倍晋三宣布将在今后五年内提供约 1100 亿美元成立“亚洲基建基金”，用以支持亚洲国家的基础设施建设，日本政府还为此调整了海外投资促进政策，从而为日资企业投资大型基建项目创造便利条件。[③] 可以看出，中日双方不仅在供给意向上高度一致，就连亚投行和亚洲基建基金的资金量也高度相近。如果说建立亚投行和提供亚洲基建基金只是中日两国在区域基础设施建设领域的隐性竞争，那么在亚洲高铁项目上中日则将这种竞争显性化，这也是中日两国亚洲基础设施项目竞争的一个重要方面。

**2. 全产业链之争**

国际工程项目的业务流程一般包括投资、建设和运营三大板块，“投建

① 《中国与印度尼西亚正式签署高铁合约》，联合早报网，2015 年 10 月 16 日，http://www.zaobao.com/realtime/china/story20151016-538254；《印度拟成立新公司　推动日本新干线模式高铁计划》，中新网，2016 年 2 月 26 日，http://www.chinanews.com/gj/2016/02-26/7774200.shtml。

② 第 24 回経協インフラ戦略会議「インフラシステム輸出戦略（平成 28 年度改訂版）」。

③ 安倍还表示，日本可以通过亚洲开发银行、日本政府系统的“国际协力银行”和“国际协力机构”三条渠道向亚洲国家提供资金支持，为亚洲基础设施建设贡献一分力量。张艾莲、刘柏：《亚洲基建投资格局背后的中日经济博弈与制衡》，《日本学刊》2015 年第 4 期，第 93~116 页。

营一体化”模式指的是基础设施项目的投资、建设和运营由同样的主体承担并实现一体化。[①] 由于基础设施项目的资金量大、回收期慢、种类繁多、技术要求高，而很多国家政府的财政能力和治理能力又都很有限，所以，政府往往通过发包形式将项目委托给国内外私人机构，在“委托－受托”过程中，如果受托方为不同的私人机构，那么就存在投资、建设、运营主体不一致的问题；如果受托方为同一个私人机构（或合资后的机构），那么投资、建设和运营的主体就是一致的，此即“投建营一体化”。[②] 换句话说，在“投建营一体化”模式中，两国在基础设施领域的竞争已经超出了单个项目的范畴，而是涉及全产业链的竞争。

在“基础设施系统出口战略”中，日本开始注重基建项目的“投建营一体化”，力推基础设施体系的全产业链输出，并通过全部业务流程的整合来培育和发挥自身的竞争优势。2013 年 6 月，日本政府首次明确提出要“从上游到下游，对基础设施项目进行全面支持”，这意味着日本企业在基础设施项目竣工后不能“交钥匙走人”；日本政府强调从中长期视野采取综合措施，全方位支持日本企业在上游（项目设计）、中游（设备出口和工程建设）、下游（项目运营和维护管理）等各环节实现整体输出。[③] 从中国方面来看，围绕“一带一路”推进过程中的基础设施互联互通建设，中国也在加快战略布局，推动中国与沿线地区和国家在基础设施建设领域的合作，并重视探索和开展投资、建设和运营相结合的“投建营一体化”项目，引导对外投资企业开展涵盖项目运营、维护、管理的“一揽子合作”，如“工程承包＋融资”、“工程承包＋融资＋运营”等合作方式，[④] 以此形成涵盖项目设计、设备贸易、工程建设、装备制造、金融保险、监管运营等领域的全产业链合作。

---

① 徐强：《基础设施项目建营一体化全球态势与中国策略》，《国际经济合作》2015 年第 10 期，第 15～20 页。

② 对于国际工程承包业务而言，涉及最多的是“建营一体化”；而对于整个项目的业务流程而言，涉及最多的是“投建营一体化”。徐强：《基础设施项目建营一体化全球态势与中国策略》，《国际经济合作》2015 年第 10 期，第 15～20 页。

③ 第 24 回経協インフラ戦略会議「インフラシステム輸出戦略（平成 28 年度改訂版）」。

④ 《国务院关于推进国际产能和装备制造合作的指导意见》，2015 年 5 月 16 日，http://www.gov.cn/zhengce/content/2015－05/16/content_9771.htm。

**3. 技术标准之争**

技术标准是"指一组得到认可的关于产品、技术和工艺的特性及参数的规范"，它不仅是专利技术的接口、合法生产的基础、核心技术的保护伞，而且是新兴技术产业化的基础；它不仅能够实现不同产品之间的兼容、减少交易成本、提高经济效益，而且作为一种排他性的、不可复制的生产要素，能够给标准制定者带来垄断性的收益，并形成符合自身利益的市场进入门槛；① 它不仅是技术领先者保持市场优势、规避竞争、获得超额利润的战略工具，而且是技术赶超者重塑市场竞争格局、实现跨越式发展的战略工具。② 因此，标准竞争是经济竞争理念高端化的必然结果，并已经成为产业竞争的最高形态。③

日本政府将"高质量"作为其基础设施产业的比较优势，从表面上来看，"高质量"的含义主要指五个方面：经济性、安全性、强韧性、环保性和扩散性。④ 但实际上，日本"以质量为中心"的营销策略还有更深一层的意图，那就是向国际社会推广以其技术、经验和制度为核心的"日本方式"，并通过此途径不断向国际社会推销日本的技术标准，从而占据国际基础设施产业竞争的制高点。⑤ 中国在推进"一带一路"互联互通建设的过程中，尤为重视与各国产业技术标准体系的对接，2015 年 10 月，中国发布《标准联通"一带一路"行动计划（2015～2017）》，这意味着中国也已深刻

---

① 邓洲：《技术标准导入与战略性新兴产业发展》，《经济管理》2014 年第 7 期，第 19～30 页。

② 邓洲：《技术标准导入与战略性新兴产业发展》，《经济管理》2014 年第 7 期，第 19～30 页。

③ 刘杰：《规则之战》，中国标准出版社，2012，第 171 页。

④ 其中，"经济性"指的是基础设施的经久耐用、生命周期长；"安全性"强调的是日本建造的基础设施的安全可靠；"强韧性"指的是日本基础设施具备较强的抗灾害能力；"环保性"指的是基础设施建设将能够最大限度地保护当地自然环境；"扩散性"指的是能够劳动当地的经济发展，并对当地社会做出更广泛的贡献，例如向东道国转移相关技术、培养当地的技术人才、开发当地人力资源等。第 21 回経協インフラ戦略会議「質の高いインフラパートナーシップのフォローアップ」，平成 27 年 11 月 9 日，http://www.kantei.go.jp/jp/singi/keikyou/dai21/siryou1.pdf。

⑤ 日本"基础设施系统出口战略"涉及大量战略性新兴产业，比如高速铁路、新一代汽车、医疗技术、医疗器械、海洋开发设施、可再生能源等，这些产业具有技术复杂性和战略性双重特点，因而在其诞生之初就面临着强大的国际竞争压力，因此，日本在基础设施产业国际拓展的过程中高度强调日本标准国际化的重要性，并将其视为基础设施海外拓展事业的重要支柱。

认识到标准化对“一带一路”建设具有基础和支撑作用。实际上，标准互联互通将全面深化中国与沿线国家和地区在标准化方面的基础设施合作，推进标准互认，不仅能够支撑中国产业、产品、技术、工程等“走出去”，而且有利于在更深层次实现中国与沿线国家基础设施的互联互通建设。[①]

### （二）中日基建竞争对“一带一路”推进的影响

#### 1. 消极影响

面对“一带一路”倡议，日本官方在经历了相对忽略与轻视、探寻与表态、慎重与“骑墙”等几个阶段后，最终确定了“以‘局外人’身份加强博弈”的政策取向，[②] 强势推进其基础设施出口战略，并在多个领域与中国展开激烈竞争，从区域经济合作角度看，这对“一带一路”建设特别是互联互通建设的推进有着很大的消极影响。

第一，中日基建项目竞争增加了中国实现区域基础设施互联互通的经济成本。基础设施投资的东道国乐于看到中日对其项目展开博弈，这样东道国就能够不断试探最有利的优惠条件，并挤压投资方收益，从而出现了基建领域的“亚洲溢价”；[③] 而日本更是不惜牺牲短期利益，拼尽全力竞争重要的基础设施项目，很多日本竞标的基础设施项目甚至不能够用经济理性加以解释。基础设施建设融资的一个重要方面是贷款利率，也就是资金成本，以泰国高速铁路竞争为例，中国为泰国提供的贷款利率在铁路建设方面是2.5%，在铁路运营方面是4%，而日本向泰国提供的建设资金利率仅为1%。[④]

第二，中日基建竞争使中国推进“一带一路”沿线地区经济布局和国际产能合作地区的局势更加复杂。出于保持在亚洲地区的经济领先地位的战

① 《我国发布〈标准联通“一带一路”行动计划（2015～2017）〉》，新华网，2015年10月22日，http://news.xinhuanet.com/fortune/2015-10/22/c_1116911034.htm。

② 杨伯江、刘瑞主编《“一带一路”推进过程中的日本因素》，中国社会科学出版社，2016，第5～24页。

③ “亚洲溢价”，即中东原油“亚洲溢价”，主要表现为中东地区的一些石油输出国对出口到不同地区的相同原油采用不同的计价公式，从而造成亚洲地区的石油进口国要比欧美国家支付较高的原油价格。

④ 张艾莲、刘柏：《亚洲基建投资格局背后的中日经济博弈与制衡》，《日本学刊》2015年第4期，第93～116页。

略目标和对华抗拒、戒备和防范的战略心态，日本对中国展开长期战略竞争的态势已然固化，因此才会不遗余力地抢占区域基础设施市场，并采用多种手段拉拢“一带一路”沿线国家，加强与“一带一路”沿线国家的战略性外交，这已经成为中国推进“一带一路”及其基础设施互联互通倡议的重要影响因素，使中国的经济外交局面更加复杂。例如，早在 2012 年，中泰两国就曾提出“高铁换大米”计划，但因泰国政局变化而搁浅；2014 年，两国签署《中泰铁路合作备忘录》，但 2015 年 5 月，泰国与日本签署铁路合作备忘录，确认两国开展政府间合作，内容包括引进日本新干线技术、由日本承建从曼谷到清迈的高铁等，中国则承接了泰国复线铁路建设，尚未涉及高铁；① 尽管泰方放弃中国高铁是出于多重考虑，但是日本的竞争毫无疑问是重要的外部影响因素。

**2. 积极影响**

第一，对于中国而言，尽管中日之间存在激烈的竞争，也不可避免地带来了负面影响，但是这也可以从侧面提高中国相关部门的战略筹划能力，并激发对外投资企业的竞争活力。日本是世界上重要的投资大国，其国内企业积累了丰富的经验，也有很多失败的教训；而中国企业刚刚开始大规模投资海外，在与日本企业的激烈的竞争中，中国企业可以学习其经验，吸取其教训，提高中国海外投资企业的管理能力和经济竞争力。

第二，从地区层面来讲，中日两国都在借由自身的战略，以政府主导、企业集团和新建金融机构联合行动的方式竞相投资亚洲基础设施项目，日本主导的亚开行和中国倡议并参与筹建的亚投行也都是亚洲基础设施建设的重要资金来源和地区合作平台，其客观效果将是在印太地区和欧亚大陆内部构建“无缝连接”的区域基础设施网络，而这有助于改善地区投资环境，带动地区经济增长。② 更为重要的是，区域基础设施具有典型的公共产品特征，这客观上加快了地区整体的深度经济一体化进程，基础设施项目的东道国和与其有密切经贸往来的国家均可由此受益，从而推动了亚洲整体经济国际竞争力的提高。

---

① 《泰日签高铁合作备忘录中日博弈泰国高铁白热化》，新华网，2015 年 6 月 15 日，http：//news. xinhuanet. com/world/2015 -06/05/c_ 127879693. htm。

② 河合正弘「アジアインフラ投資銀行への対応は」，http：//www. nhk. or. jp/kaisetsu-blog/400/219094. html。

第三，对于基础设施项目东道国而言，作为战略性和公共性并存的产业，基础设施产业是与沿线国家的战略利益和国内经济命脉息息相关的，中国、日本等基础设施投资国和东道国的经济利益网络将因此更为错综复杂，日本的竞争也有助于打消各国的顾虑，在合作过程中建立战略互信。

此外，尽管在中国提出"一带一路"倡议之后，日本在戒备和防范的心理之下，加强了对亚洲地区的经济援助和投资力度，有选择性和针对性地重点援助东南亚、南亚和中亚等亚洲地区的发展中国家，[①] 但这并不意味着日本完全关闭了与中国合作的大门，而是与中国有限度地开展合作。例如，2016 年 3 月，日本主导的亚开行与亚投行为一个贷款项目进行了合作融资；[②] 2016 年 5 月，亚开行与亚投行签署了一项旨在增强两家机构合作关系的谅解备忘录，双方承诺将在优势互补、创造附加值、加强制度建设、发挥比较优势、推动互惠共赢等基础上加强融资合作，涉及能源、交通、电信、供水等基础设施领域，并将定期举行高级别磋商。[③]

总之，虽然我国对"一带一路"重点区域的界定并未包括日本，但是从现实来看，"日本因素"已经成为"一带一路"推进过程中重要的"干扰变量"。[④] 为了有效克服日本基础设施海外拓展战略对"一带一路"倡议带来的负面影响，[⑤] 我们有必要整合政府与市场两大主体，既明确企业的主体功能和市场在资源配置中的决定性作用，同时健全和完善政府在基础设施海外投资方面的引导和扶持政策。我国应建立由国家部委牵头、金融机构为主体、行业协会和智库为支撑的官民协同推进机制，政府要为"走出去"的企业提供信息支持、资金支持和人才支持，进而获取相对战略优势。

---

① 杨伯江、刘瑞主编《"一带一路"推进过程中的日本因素》，中国社会科学出版社，2016，第 25 ~ 34 页。

②《亚投行和亚开行合作推进贷款项目》，http://intl.ce.cn/sjjj/qy/201603/23/t20160323_9722723.shtml。

③《亚投行与亚开行签合作备忘录　将开展合作融资》，http://www.chinanews.com/cj/2016/05-03/7855791.shtml。

④ 杨伯江、刘瑞主编《"一带一路"推进过程中的日本因素》，中国社会科学出版社，2016。

⑤ 马学礼：《"一带一路"倡议的规则型风险研究》，《亚太经济》2015 年第 6 期，第 3 ~ 8 页。

# Analysis on Transformation of Regional Economic Cooperation in East Asia and Sino-Japanese Infrastructure Competition

*Ma Xueli, Chen Zhiheng*

**Abstract:** After the global financial crisis, the East Asian regional economic cooperation began the transformation process from "East Asia cooperation" to "Pan-Asian cooperation", from "light integration" to "deep integration", from "ASEAN Center" to "ASEAN dominance weakened" . On the transition process, one of the most critical factors is the competition between China and Japan, especially Japan's "negative competition" behavior directing at China. Asian infrastructure competition is not only a concentrated expression of the transformation of regional economic cooperation in East Asia, but also the focus of Sino-Japanese competition at present, mainly in the field of infrastructure construction, including project dispute, the whole industry chain dispute and the dispute of technical standards, which has both negative and positive impacts on future regional economic cooperation.

**Keywords:** Cooperation Transformation; Sino-Japanese Competition; Asian Infrastructure Construction

# 政企合作视角下的日本铁路“走出去”问题研究

李红梅*

**【内容提要】** 近年来，铁路作为低碳交通运输工具再次引起全球瞩目。日本铁路的竞争优势在于其安全性和准时性。为了巩固当前在亚太地区的经济增长势头，日本政府和企业以“官民一体”的形式联手开拓国际市场，积极参与亚太国家铁路建设规划，推广先进的技术和生产能力，从而实现日本铁路“走出去”的战略目标。本文基于政企合作的视角，对日本铁路“走出去”发展及成效、主要特征和存在的问题进行分析，归纳总结对政企合作的必要性及可行性的几点思考。

**【关键词】** 日本铁路　走出去　政企合作

近年来，各国铁路建设计划的涌现，为全球铁路市场创造了巨大的商机。为此，日本政府建立支持民间企业参与亚洲高速铁路建设、城市轨道交通建设等基础设施建设项目的机制（2010 年 6 月 18 日内阁确定“新增长战略”），政企联手开拓国际市场，从而带动日本经济增长。

铁路建设项目一般分为“上”“下”两部分：前者主要包括铁路车辆、信号操作控制系统和车站、车场等建设，后者主要包括线路、隧道、桥梁等基础设施建设。铁路的开通带来客货运输时间的缩短和运费的降低，促进了产业的

* 李红梅，经济学博士，吉林大学东北亚研究院副教授、日本研究所研究员，主要研究专业和方向为日本经济、东北亚区域经济。

快速发展。运输时间缩短加快了资本的运转，提高了资本的使用率，运费的降低带来产品成本的下降。而且，客货运输的便捷、低廉不仅加速了劳动力的区域间移动，还促进了城市化进程，对实现区域经济一体化发挥着重要的作用。

目前，日本的铁路在安全、准时，节能、环保等方面具有国际竞争优势。尤其是日本新干线，从1964年开通以来实现了无伤亡事故、准点运行（平均晚点时间不超过1分），得到国际社会的高度信赖。日本的铁路运输密度虽高，但其高度的安全性和准时性依然十分突出。另外，日本铁路的全寿命周期成本（LCC：Life Cycle Cost）较低，包括初期费用（车辆购买、线路铺设等）和运营及维护阶段的成本。由于新干线车辆的重量小等原因，能源消耗量和轨道等基础设施的负荷较低，在建设、运营及维护阶段的综合成本方面具有优势。

虽然日本早期引进欧美国家的先进技术和资本，具备了成套的技术和独立的生产能力，但是日本铁路出口国际市场的步伐却相对缓慢（见图1）。为了增强国际竞争力、确保供给能力和完善投资环境，日本以政企合作的方式来积极推进日本铁路“走出去”。

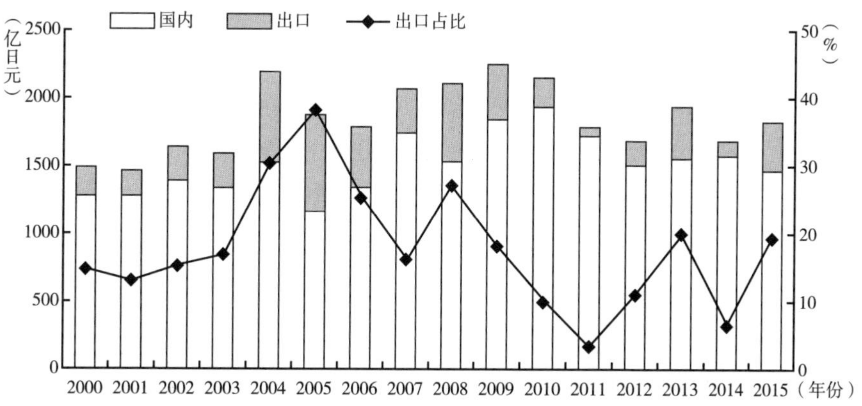


**图1 日本铁路车辆等生产总额及其出口占比**

资料来源：国土交通省総合政策局情報政策本部情報安全調査課交通統計室編『鉄道車両等生産動態統計年報』各年版。

## 一 日本铁路“走出去”发展及成效

日本早在20世纪50年代开始就迈出铁路“走出去”的步伐，尤其是1964年开通东京至新大阪的东海道新干线后，日本企业凭借技术优势和生产能力向海外出口铁路车辆及其设备，施工建设轨道、站场等铁路相关设施。日本企业主要参与的海外铁路项目有中国台湾新干线，中国重庆、阿联酋迪拜的单轨铁路（Monorail），菲律宾马尼拉的轻轨铁路（LRT：Light Rail Transit），以及埃及开罗、美国纽约、阿联酋迪拜、印度德里的地铁等。进入90年代后，以三井物产为首的住友商事、丸红等日本的综合商社陆续在海外开展铁路车辆租赁业务，取得了显著成效。例如，1996年三井物产在美国最早开展货车租赁业务，随后在巴西、欧洲等地拓展货车和机车的租赁业务，并于2006年收购德国西门子的机车租赁公司（Siemens Dispolok），成为欧洲规模最大的铁路车辆租赁公司。此外，住友商事在俄罗斯和美国、丸红在美国和澳大利亚纷纷掀起铁路车辆租赁浪潮。

随后，2006年开始出现民间企业参与海外铁路投资项目的现象。同年，三井物产与巴西的Companhia de Concessaoes Rodoviarios等公司共同出资（占比为10%），投资参与圣保罗地铁4号线工程（首次PPP项目），并投入价值达5亿美元的铁路车辆及信号装置系统等设备。另外，2007年三井物产和三菱重工参与的中国台湾新干线开通和2009年三菱重工参与的阿联酋迪拜地铁开通，带动日本铁路走向国际市场，掀起日本新干线出口热潮。同年，三菱重工还和住友商事在美国佛罗里达州的迈阿密共同成立Crystal Mover Services公司，受托运营和维护全自动无人操作车辆（APM：Automated People Mover），正式推行独立的运营模式。①

日本企业虽然早期引进欧美国家的先进技术和资本，形成了较为成熟的、体系化的品牌技术，但日本铁路出口国际市场的步伐却相对缓慢。从图1中可以看出，2009年以后日本铁路车辆等（包括铁路车辆、零部件及信号保安装置等）生产总额逐渐减少，出口占比从2005年的38.2%下降到2014年的6.9%、2015年的19.4%。而且，日本企业在国际市场上的占比不大。据欧洲铁路产业联盟（UNIFE）统计，2017～2019年国际铁路市场

① 加賀隆一『国際インフラ事業の仕組みと資金調達—事業リスクとインフラファイナンス』中央経済社、2010。

平均需求约为24.2万亿日元，主要集中在亚太地区、西欧和北美地区。2015年成立的全球车辆生产规模最大、品种最全、技术领先的中国中车（CRRC）的当年度销售总额达2.59万亿日元，其次为欧洲“三巨头”，即加拿大庞巴迪（Bombardier）（0.95万亿日元），德国西门子（Siemens）（0.92万亿日元），法国阿尔斯通（Alstom）（0.84万亿日元），日本的日立制作所和川崎重工分别为0.35万亿日元和0.15万亿日元。[①] 2017年9月26日，德国西门子与法国阿尔斯通签署谅解备忘录，洽谈合并轨道交通业务，想在规模上对抗中国中车。

虽然日本企业在土木工程和建筑、车辆、合成枕木、电机产品和操作控制系统等领域具有优势，但与欧洲“三巨头”相比，日本企业还是缺乏“综合供给能力”，即日本企业还未具备提供铁路车辆及零部件、轨道等铁路基础设施以及信号和通信等操作系统等成套产品的能力。由于长期以来主导国际市场的是欧美的铁路技术，并且早已形成欧美的国际标准体系，因此日本亟待解决铁路技术的推广问题和加快技术标准的国际化进程。在此背景下，2009年6月23日，执政的自民党麻生内阁通过“增长战略”[②]，指出以亚洲为主推广日本先进的基础设施技术和生产能力，具体表现在高速铁路系统的推广和开发、普及低碳交通工具等方面。同年9月1日，日本国土交通省铁道局设立“铁道国际战略室”进行重组。[③] 随后上台的民主党菅直人内阁于2010年6月18日推出“新增长战略”，提出以基础设施海外投资为重点的“一揽子”计划，通过顶层设计和政策协调，支持民间企业铁路系统以及城市轨道交通等基础设施项目的全面出口。同年，铁路综合研究所设立铁路国际规格中心，将无线通信列车控制系统技术作为国际标准推广到世界各地。2012年12月自民党第二次安倍内阁成立后，作为“安倍经济学”的重要组成部分，制定“日本再兴战略”进一步强化基础设施出口。2013年3月，日本政府设立全面统筹和推进基础设施出口的最高机构“经济协作基础设施战略会议”，并提出到2020年实现基础设施出口订单达到30万亿日元的战略目标，其中交通运输领域的订单约为7万亿日元。到2017年10

① 日本鉄道車両工業会「鉄道車両工業」No. 481及び各社公表資料。

② 首相官邸「経済財政改革の基本方針2009について」（平成21年6月23日閣議決定）。

③ 国土交通省「鉄道国際戦略室の設置について」（平成21年8月28日）。

月，该机构共组织33次会议，修改和完善基础设施系统出口战略。① 近年，围绕亚太地区国家日本铁路车辆制造商的“走出去”战略取得了显著成效（见表1）。

**表1　日本铁路车辆制造商“走出去”成效**

| 日本铁路车辆制造商 | “走出去”国家及地区 |
| --- | --- |
| 日本车辆制造 | 阿根廷(1983年),巴西(1984年),新加坡(2000年),委内瑞拉(2001年),菲律宾(2006年),加拿大(2011年),美国(2012年等),中国台湾(2014年等),印度尼西亚(2015年等) |
| 日立制作所 | 马来西亚(1983年),中国大陆(2002年等),韩国(2007年等),越南(2013年),新加坡(2014年等),中国台湾(2016年),英国(2016年等),意大利(2016年等) |
| 川崎重工 | 马来西亚(1987年),中国大陆(2000年等),中国台湾(2012年等),中国香港(2014年等),新加坡(2015年等),美国(2016年等),孟加拉国(2017年) |
| 近畿车辆 | 阿联酋(2005年),埃及(2010年等),美国(2013年等),中国香港(2014年等),卡塔尔(2015年) |
| 三菱重工 | 中国(2011年等),新加坡(2013年) |
| 综合车辆制作所 | 泰国(2013年) |

资料来源：国土交通省「海外展開戦略（鉄道）」、2017年10月。

## 二　日本铁路“走出去”过程中政企合作的主要特征及存在的问题

铁路基础设施项目的建设时间长、建设经费庞大、收购土地难，因此民间企业的参与度不高，一般由政府来承担。据统计，海外铁路建设项目中当地政府承担总经费的70%。② 铁路“走出去”是日本国家战略的一部分，

① 首相官邸「インフラシステム輸出戦略（平成29年度改訂版）」（平成29年5月29日経協インフラ戦略会議決定）。

② 加賀隆一『国際インフラ事業の仕組みと資金調達—事業リスクとインフラファイナンス』中央経済社、2010。

日本政府积极推行 PFI/PPP 融资模式①，由于铁路建设成本巨大，难以依靠中央财政独立支撑，因此只有通过组合各种融资形式，如发行债券、银行贷款、股权融资，以及中央和地方政府财政补贴和政策优惠等进行集资，才能实现资本汇集以支持铁路“走出去”发展，最终为政府解决庞大基建资金问题，为实现政企双方共赢求得有效的途径。采用政企合作模式，首先要遵循利益共享、风险共担合作关系的原则，双方合作应采用优势互补的方式，保证利益最大化。本节从项目运作、融资渠道和风险分担的角度分析日本铁路“走出去”过程中政企合作的主要特征。

### （一）项目运作方面

海外铁路基础设施项目的建设及运营大致分为四个阶段，即准备阶段、招标阶段、施工建设阶段及运营维护阶段，通称 EPC + O&M 模式，即项目的设计、采购、施工（Engineer、Procure、Construct）、运营和维护（Operation & Maintenance）。通常，社会经济发展较为落后的国家交通基础设施不完善，特别需要引进先进的铁路技术和运营管理模式来构建本国的铁路基础设施网络，因此，能否受托承包项目的运营管理关键在于准备阶段，即收集信息和项目开发、咨询、设计等阶段。从图 2 中可以看出，项目运作各阶段政府与企业的分工比较明确。日本企业作为独立的法人，主要负责海外铁路项目的竞标及具体运作，日本政府则配合性地开展双边或多边外交，通过制定政策、签订协议以及收集信息等手段为相关企业“走出去”创造良好的环境。② 近年来，海外基础设施订单大增得益于首相和阁僚的大量外访和积极推销，反映了日本政府对此高度重视。据日本国土交通省统计，2013 ~ 2017 年政府首脑高层访问外国推介次数和被访问次数分别达 483 次和 469 次。③

---

① 根据日本内阁府民间资本活动推进室的定义，日本的民间主动融资（PFI：Private Finance Initiative）是指依靠民间的资本、运营以及技术能力进行基础设施等的建设、维护、运营的新方法。PPP（Public Private Partnership）是指政府与社会资本合作，签订特许权协议（投资、融资、建设和运营、维护管理）。由于受各国政治、历史、文化背景以及法律、行政制度与商业环境的影响，其概念在每个国家都是独立发展的。

② 李毅、李梦生：《日本在中国高铁海外输出进程中的影响》，《东北亚论坛》2016 年第 5 期，第 16 ~ 27 页。

③ 首相官邸「第 30 回経協インフラ戦略会議」（2017 年 5 月 29 日）。

然而，与欧洲相比日本国内的运作存在以下几个问题。第一，从整个运作过程来看，欧洲大体上以“一国一社”的形式来推进政企合作，相比之下，日本采取的是“一国多社”的运作方式。尤其是日本的采购阶段划分较细，按产品种类如车辆、机器、设备等划分，就有多数制造商。日本自1999年制定PFI法（利用民间资金促进公共设施等相关法案）以来，已经实施了200多个PFI项目，其中70%的项目是采用“建设–移交–运营”（Build-Transfer-Operate，BTO）模式实施的。当建设好的设备移交给运营方后，维护阶段很难培养出能够负责运营的企业，这使日本缺乏从始到终统筹运营管理的经验。第二，从咨询阶段来看，欧洲具有以综合制造商和铁路咨询公司为主导的比较系统的咨询体系来积极推广EU国际标准的铁路技术，创造出欧洲各国企业容易参与市场的环境。相比之下，2011年成立的以铁路运营商为主的日本咨询股份有限公司（JIC），虽然负责推进日本铁路技术国际标准化，但是还要更多地完善高速铁路的土木工程及电力等方面的技术。

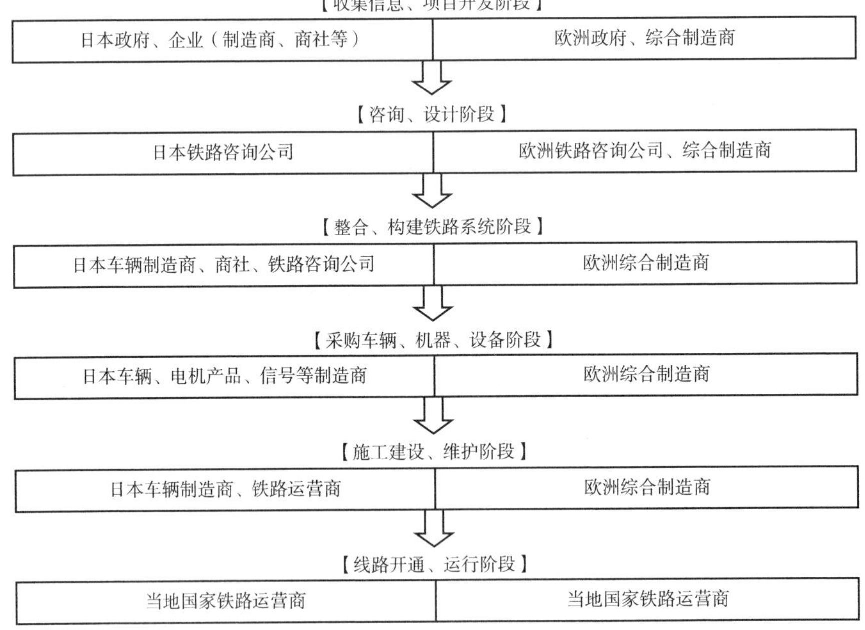


**图2　日本与欧洲铁路“走出去”项目各阶段运作方式比较**

资料来源：首相官邸「第16回経協インフラ戦略会議」（2015年3月2日）。

近年来，日本在铁路技术标准国际化方面取得了一定的进展，受到了国际合作伙伴的关注和肯定。但总体来看，日本铁路技术标准国际化还处于起步和探索阶段，整体性、系统性还存在不足。第一，铁路技术标准国际化的系统性不强。日本铁路技术标准长期以来是按照个别优势技术构建的，其对技术标准国际化的整体把握能力不足，顶层设计不够具体，目前虽然取得了一些成绩，但系统化、国际化的目标还远未达成，尚未形成核心竞争力。第二，日本铁路的出口正在从单一的机车车辆出口向铁路系统技术出口转型，但对于这些项目涉及的金融和贸易等相关问题，还没有可靠的应对措施。与世界平均水平相比，日本铁路技术标准和知识产权的结合不够紧密。第三，日本铁路技术标准国际化领域的人力资源十分匮乏，高素质的专业人才储备不足。

### （二）融资渠道方面

近年来，PPP 融资模式获得全球广泛关注。PPP 融资模式是政府与社会资本之间形成的一种伙伴式合作关系，有利于拓展融资渠道，减轻财政负担，分担投资主体风险。此外，融资方式的合理组合也非常重要。因此，探求多样化的融资渠道和合理的融资组合可以更加高效、更多元化地进行社会筹资，推动高速铁路建设。

目前，日本充分调动对外经济合作手段，加快和扩大政府开发援助（ODA），运用日元贷款、技术合作、无偿资金合作等方式强化海外投融资，通过对新设立的 ODA 予以灵活运用，促进发展中国家政府为政企合作铁路建设项目提供资金和担保，促进民间企业的参与，完善日本 ODA 贷款程序。此外，还利用日本国际协力机构（JICA）的海外投融资，在 JICA 和亚开行间建立新的合作机制，强化日本国际协力银行（JBIC）对高风险项目的资助功能，灵活运用新设立的海外交通与城市开发事业支援机构（JOIN）、日本贸易保险（NEXI）等政府融资机构，以“日本方式”[①] 大力推动日本企业的海外发展。图 3 详细指出了日本政府和企业对海外铁路投资项目（上下分离）的资金支持、信用担保等融资方式。根据项目需求，可采用多个融资方式的组合，这时需要留意是否符合国际规则。

① “日本方式”是指具有环保、效率、安全等高性能的日本先进技术、制度等。“日本方式”的推行有效地削减了铁路建设、运营及维护等各阶段的成本。

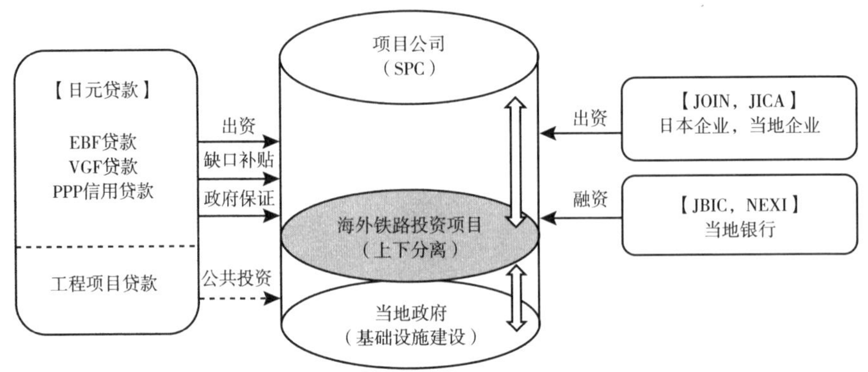


**图3　日本政府与企业对海外铁路投资项目的融资方式**

资料来源：SPC（Special Purpose Company），EBF（Equity Back Finance），VGF（Viability Gap Funding）。

## （三）风险分担方面

利益与风险有对应性，如果没有合理的风险分担，就不可能形成长期、健康、良性的合作关系。在PPP模式中，政府与社会资本合理分担风险是其区别于公共部门与社会资本其他合作方式的一个显著特征。并不是只要有私人提供公共产品与服务就可以定义为PPP模式。OECD研究报告认为，判别一个项目是否为PPP模式，关键要看风险有没有合理转移。在传统的政府采购中，政企双方都想让自己的风险更小，而不考虑怎样去承担风险，所以这个过程不能被看作政府与社会资本合作。

PPP模式下，政府和企业分担风险一般遵从两大原则。一是总体最优原则。政企双方各自承担自己能较好控制领域的风险，最大限度地降低风险管控成本，以达到压缩项目总成本、提高效率的目的。一般来说，政治风险、法律风险、配套设施风险、市场竞争（唯一性）风险由政府承担。对于融资风险、完工风险、技术风险、材料供应风险、投资者变动风险等，项目公司更有控制力，而且与其收益有关，应由项目公司承担。不可抗力风险、环保风险、市场需求变化风险、公众反对风险等，应由双方共同承担。二是风险与收益对等原则。承担风险较多的一方通常对项目的收益也要享有更多的份额。另外，承担的风险要有上限。项目在实施阶段的一些风险往往比预估的要大，如果出现这种情况，不能让某一方单独承担接近于无限大的风险，否则会影响风险承担者的积极性，不利于项目长足发展。政企双方的合作是互利的，投资项目的融资风险是要转移和分担的（见图4），因此政府只有转变职能，才能促进投融资体制改革顺利进行。

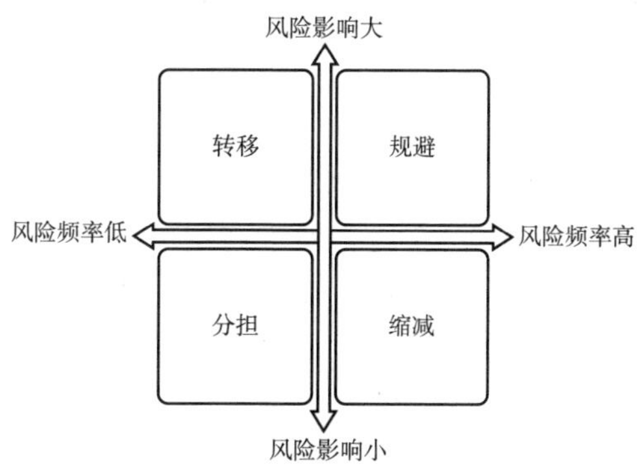


**图4 风险防控的方法**

## 三 日本铁路“走出去”过程中政企合作的必要性及可行性

为了增强国际竞争力、确保供给能力和完善投资环境，日本以政企合作的方式来积极推进日本铁路“走出去”。

### （一）增强国际竞争力的要求

第一，要强调日本铁路在安全性和可靠性、全寿命周期成本低、人才培养及技术支援等方面的优势，通过政府高层推介、邀请对方高层人员以及派遣专家等形式，政企联手推进日本铁路“走出去”。

第二，要制定应对“一揽子”计划的策略。首先，在日本铁路“走出去”过程中，通过铁路运输机构和铁路相关企业的政企合作方式，以“组团出海”模式参与海外铁路项目，策划构建高铁项目的运营管理体制。其次，积极推广包括车辆维修及运行等高质量成套服务，通过铁路运行项目的本地化来增强国际竞争力，逐步扩大海外铁路事业。这方面日本已积累了不少成功经验，如2013年日本的综合车辆制作所向泰国提供车辆，由JR东日本、丸红和东芝三家企业设立的维修子公司向泰国提供车辆维修服务。还有就是，2017 年 JR 东日本和三井物产在英国运行旅客铁路。此外，车站周边开发等高附加值的技术，需要由政企合作来提供，这是其他国家还没有具备的，是日本独有的技术。与此相反，也可利用 M&A 并购国外企业，提高企业的“综合能力”，与中国中车以及 EU 国际标准的欧洲“三巨头”对抗。

第三，将 AGT（Automated Guide way Transit）、单轨铁路等具有竞争优势的城市交通系统作为新的重点领域，通过政企合作方式向新兴国家推介。主要以支持事业性调查（F/S）、邀请对方高层人员及派遣专家等形式宣传城市交通系统的实用性，如三菱重工向中国澳门 LRT 提供了 158 台车辆和信号通信设备、电力设备、轨道等，日立向韩国大邱市城市铁路 3 号线提供了 84 台车辆和信号设备等。

第四，利用组合多种融资机构的方式，如 JOIN（出资等）、JBIC（融资等）、JICA（日元贷款等）、NEXI（贸易保险等）等来大力支持日本企业的海外发展。表 2 介绍了日本政府相关融资机构的融资目的、方式和制度等内容。

**表 2　日本政府相关融资机构的融资目的、方式及制度**

| 名称 | JOIN<br>海外交通·城市开发事业支援机构 | JBIC<br>国际协力银行<br>（股份有限公司） | JICA<br>国际协力机构<br>（独立行政法人） | NEXI<br>日本贸易保险<br>（股份有限公司） |
|---|---|---|---|---|
| 所管 | 国土交通省 | 财务省 | 财务省、外务省、经济产业省 | 经济产业省 |
| 目的 | 提供资金、派遣专家支援，力推日本企业参与海外市场，实现日本经济持续发展 | 促进海外资源开发，不断提高日本产业国际竞争力，力推海外环保事业，防范及应对国际金融秩序的混乱 | 贡献于发展中国家经济和社会的开发、复兴及稳定，促进国际合作，致力于日本及国际经济社会的健全发展 | 支付保险：对外交易中产生的民间保险等不可救济的风险（非常危险、信用危险） |
| 支援方式 | 与民间企业共同出资，派遣管理人员、技术人员等人才资源，与对方国家进行谈判 | 对当地事业团体的融资，对出口的融资 | 技术合作，日元贷款（STEP），海外投资融资，无偿资金合作 | 海外投资保险，交易费用贷款保险 |

续表

| 名称 | JOIN<br>海外交通・城市开发事业支援机构 | JBIC<br>国际协力银行（股份有限公司） | JICA<br>国际协力机构（独立行政法人） | NEXI<br>日本贸易保险（股份有限公司） |
|---|---|---|---|---|
| 制度改善 | 2016 年 10 月，为了筹集官民合作基金，在“杠杆限制”上，将资本金及准备金的杠杆系数从 1 调整为 1.5，对于政策上重要的项目，在一定条件下，下调最大出资者的标准 | 2016 年 10 月，新设“特别业务账目”，主要针对收益期待值高，伴有风险的海外基础设施事业提供贷款，更加积极地提供风险资金 | 2017 年 5 月，提供“高规格日元贷款”，被认定为“高质量基础设施”的项目提供优惠性日元贷款，还提供美元贷款，面向政府机关和地方公共团体等完善日元贷款制度 | 2017 年 4 月转为股份有限公司，实现了机动有效的运营，实施投资保险期间延长（15～30 年）、完工后外国政府等引起的违反合同风险的涵盖措施，提高支持非常危险补填料率（97.5% 或 100%）等，增设美元贸易保险 |

资料来源：国土交通省「インフラ展開戦略（2017 年 10 月）」。

## （二）确保供给能力、完善投资环境的要求

第一，要加强政府和企业从项目准备阶段开始共同参与的体制。首先，在考虑日本企业在本国取得的基础设施建设以及运营方面的业绩，给予相应的资格认定的同时，政府的铁路运输机构和民间企业共同合作，确保人才以及土木工程、电力工程等方面的技术，建立能够统筹运营和管理海外高速铁路项目的事业性调查、设计、招标、施工监管等一系列业务的共同企业体（JV），进一步完善日本企业的投资环境。其次，利用海外铁路推进协议会等合作组织，通过国土交通省等相关政府机构和铁路运营商、制造商、商社等民间企业间的信息交流、共享，积极探讨个别铁路项目的早期参与，营造促进日本企业容易参与海外铁路项目的良好环境。

第二，要确保铁路车辆的供给能力，如车辆生产能力以及人才培养能力等。日本铁路车辆的生产，通常都是收到订单后进入生产，完成交付需要几年的时间。尤其是在设计阶段，日本国内设计新项目至少需要 1～2 年的时间，在海外就得需要更多的时间。问题是海外项目很多不遵从日本的设计规格，需要根据当地的需求调整或改变设计内容，这样就会给日本企业增加一

定的负担。表3总结了日本铁路车辆产业在海外发展过程中所面临的主要课题和改进方向。

**表3　日本铁路车辆产业所面临的主要课题和改进方向**

| 主要课题 | 改进方向 |
|---|---|
| 要扩充生产能力,特别是设计能力 | 通过验证海外车辆规格来减轻设计负担<br>合理配置专职OB人员以及其他领域的专业人才 |
| 要加强与欧洲、中国等竞争的国际竞争力 | 加强利用日本的优势,如产品质量高、遵守交付期限等<br>提高附加值,突出与竞争国家的差异<br>加强与国内外企业的合作 |
| 要提高包含维修服务在内的综合运营能力 | 提升车辆制造商对维修服务的综合经营能力<br>力推铁路运营商的参与和支援项目 |
| 要灵活对应当地生产化的需求 | 提出直接投资等具体措施 |

资料来源：日本国土交通省「鉄道車両産業の抱える課題及び対応の方向性の取りまとめ」（概要）平成28年6月公表。

## 五　结语

本文基于政企合作的视角，对日本铁路“走出去”发展及成效、主要特征和存在的问题进行了详细分析，归纳总结了对政企合作的必要性及可行性的几点思考。

日本以政企合作的方式来积极推进日本铁路“走出去”的主要目的是增强国际竞争力、确保供给能力和完善投资环境。就海外铁路市场的趋势看，中国中车与欧洲“三巨头”具有较强的竞争力。近年来中国“一带一路”建设加快了高速铁路产业“走出去”的步伐，随着中俄签订发展高铁备忘录，中国为土耳其承建的安卡拉至伊斯坦布尔高铁顺利通车，中国和伊朗签署价值22亿美元的铁路建设协议，中泰高铁建设协议签约等，中国高铁“走出去”已取得了显著成就。欧洲“三巨头”不仅在车辆制造、机器、设备、信号以及整个铁路运作系统的综合运营能力方面具有优势，还拥有EU国际标准的铁路技术。日本铁路虽然在安全性、可靠性以及节能、环保等方面具有优势，但是在项目运作、资金调配、风险分担等方面还存在一些问题，在车辆供给能力、综合运营能力、技术国际标准化等领域还亟待改善。实践表明，目前最有力的方法就是在政企合作下推进日本铁路“走出去”战略，实现日本铁路产业健康发展。

# Study on the “Going out” Issue of Japanese Railways from the Perspective of Government Enterprise Cooperation

*Li Hongmei*

**Abstract**: The railways as a “low carbon” transportation has been drawn attention globally in nowadays. The competitive advantage of Japanese railways lies in its safety and punctuality. In order to consolidate its momentum of economic growth in the Asia Pacific region, the Japanese government and enterprises open up the international market jointly in the form of “government and people as the one” . This actively participates in the planning of the railway construction in the Asia Pacific countries. Moreover, Japan also promotes its advanced technology and productive capacity in the “going out” strategy. This article aims to analysis the characteristics, effects and problems along with “going out” issue of Japanese railway. It also concludes the necessity and feasibility in the perspective of the cooperation between government and enterprise.

**Keywords**: Japanese Railway; Going Out; Cooperation between Government and Enterprise

# 历　史

# 日本殖产兴业政策与政商分析

卢嘉洋　陈景彦[*]

【内容提要】政商是明治维新后受明治政府的保护在初期独占时所形成的特权商人。与日清战争后日本产业资本的确立相照应，政商资本形成新的独占，并转向财阀资本。本文主要论述明治政府所推行的殖产兴业政策与政商在其中所扮演的角色。一方面，明治政府基于内外形势调整殖产兴业政策，为近代产业营造发展的环境；另一方面，政商则在这一环境下扮演着不同的角色。两者一起推动了近代日本产业的发展。

【关键词】明治政府　殖产兴业　政商

## 一　殖产兴业政策为政商营造发展的环境

明治政府的建立，并没有使日本摆脱沦为西方列强殖民地这一紧迫的危机。明治政府延续了幕末时期应对这一危机的实践，并提升至“求知识于世界”，以求通过发展近代产业实现富国强兵，进而完成“大振皇基”这一

* 卢嘉洋，吉林大学东北亚研究院硕士研究生，研究方向日本史及中日关系史；陈景彦，历史学博士，吉林大学东北亚研究院教授、博士生导师，日本研究所研究员，主要研究方向日本史及中日关系史。

目标。

明治政府建立后，立即进行了一系列旨在破除封建制度的改革。如果说维新政权成立后实施的一系列革除幕藩封建制度的措施，是为创立统一的近代国家铺平道路，那么“殖产兴业”便是明治政府为发展资本主义制定的重大经济政策，是明治维新后资产阶级改革中最富有建设性的组成部分。[①] 日本学者石井宽治在其所著的《日本经济史》一书中对殖产兴业政策进行了这样的定义：殖产兴业政策是在西方列强强大的经济、军事压力下被迫推行的移植和建立资本主义生产方式的一系列政策的总称。[②] 这一定义既符合明治政府应对“西力”的举措，同时也点明了殖产兴业政策后来的“变轨”，也就是随着日本经济实力的增长，殖产兴业政策已经改变其起初的目标——维护日本的独立，转向服务于日本的对外诉求。

众所周知，在经济建设上不可能有一以贯之的某一项政策。经济政策的制定必须依据本国自身的情况来进行完善，同时也须借助于他国的经验。明治政府的殖产兴业政策所具有的阶段性特征，体现出这一点。明治政府的“殖产兴业”政策实施时期，一般是指1870年前后至1885年前后大约15年的一段时间。[③] 在这15年间，明治政府的政策从一般的“诱导”政策开始，最终完成了由官营到民营的转变。

### （一）殖产兴业政策前期：以官营事业的建立为“先驱者”

维新革命以后，日本的经济并没有发达和初步步入资本主义的坦途，经济界在维新以后的十年间大多忍耐于混乱、打击、不安的阵痛之中。大部分的打击集中在以前的富商，导致他们就此没落，没有像西欧那样的担负资本主义发展重任的人。[④] 民间大多数人也没有能力和意愿去从事近代经济建设。在这种情况之下，明治政府不得不创立官营事业，以达到通过政府的示范作用，引进西方的工业技术创办一些“模范”工厂，最终引导私人从事近代经济建设的目的。1869年，在北海道设置“开拓使”。它作为开发北海

① 万峰：《日本资本主义史研究》，湖南人民出版社，1984，第86、87页。

② 杨栋梁：《日本近现代经济史》，世界知识出版社，2010，第53页。

③ 万峰：《日本资本主义史研究》，湖南人民出版社，1984，第87页。

④ 中村隆英『明治大正期の経済』東京大学出版会、1988、28頁，转引自高橋亀吉『日本近代経済形成史』、155～156頁。

道的机构，积极推动北海道开发事业，如测量地形、调查矿产、开采煤矿、发展交通运输等。开拓使一直到 1882 年 2 月才撤销，其间经营了 39 个工厂，如札幌炼铁厂、机械厂、啤酒厂，函馆煤气厂，厚岸罐头厂，纹鳖制糖厂等。这些企业也是殖产兴业时期官办企业的组成部分，对北海道近代工业的发展起了很大作用。①

但是需要注意的是，明治政府建立官办企业的“本旨”和“最初计划”，并非要政府垄断工业，富实国库，而是意在通过政府的示范，诱民以利，为民间发展工业培养技术、管理人才，摸索、积累“兴业”经验，实现民富国强。拍卖官办企业是这一政策思想的延续和实现。②

### （二）殖产兴业政策后期：对官营企业的处理

殖产兴业政策前期，明治政府通过“大包大揽”的方式进行近代产业建设，固然起到了一定效果。但是对于两省（大藏省、内务省）的官营企业来说，除了三池矿山等若干例外，其余都是赤字经营。③ 对官营企业的处理大致在 1880 年前后，而这一时期对明治政府来说，是政府权力重组的一个重要节点。1878 年，随着大久保利通遇刺，明治政府出现了维新以来又一次重大的政治变动。按照德富苏峰的观点，大久保从政治舞台上消失后，明治政府发生了各种各样的变化。从整体上看，第一个变化是明治政府的力量被削弱，伊藤博文和大隈重信还不是独当一面的政治家。从政府内部来看，萨长的平衡发生了整体上的颠倒。④ “大久保独裁体制”下形成了以内务省为首、工部省和大藏省为两翼的三位一体殖产兴业的推进机构，大久保利通遇刺身亡后，大隈重信成为殖产兴业的实际操刀手，因此他对殖产兴业的下一步走向有着不可忽视的影响。

1880 年 5 月，大隈重信就经济政策的变更提出建议，其中第一个建议就是处理为劝诱而设置的工厂。⑤ 之后在大隈、松方等人的极力倡导下，明

---

① 吴廷璆主编《日本史》，南开大学出版社，1994，第 394 页。

② 杨栋梁、江瑞平：《近代以来日本经济体制变革研究》，人民出版社，2003，第 75 页。

③ 長岡新吉編著『近代日本の経済—統計と概説』ミネルヴァ書房、1988、190 頁。

④ 德富蘇峰『明治三傑』株式会社講談社、1982、62～65 頁。

⑤ 室山義正『近代日本経済の形成——松方財政と明治の国家構想』千倉書房、2014、40 頁。

治政府终于做出决定，除保留军工、铁道、通信等企业外，其他工矿企业一律处理给民间。[①] 是为 1880 年 11 月明治政府颁布《工厂处理概则》，其目的就是消除财政负担和收回兴业费。[②] 紧接着是明治 14 年政变，大隈一派失势。大隈一派的失势不仅是关乎政治的大事，而且决定了日本经济的走向，乃至影响到各个方面，恐怕比政治影响还要大。那就是日本实施了另一种宏观经济政策，即松方财政。[③]

面对如此复杂的日本国内政治斗争，明治政府的殖产兴业政策仍然得以按照当初大久保利通的构想推行下去。大久保利通遇刺身亡后，大隈重信继承其遗志将殖产兴业政策推行下去。大隈重信下野后，其所推行的大隈财政被松方财政取代，但大隈重信所倡导的处理官营企业的政策被松方正义继承，并结合日本的实际情况来推行。政治斗争和宏观经济政策的转变，并不影响明治政府对官营企业的处理，甚至在某种程度上为民间企业的发展提供了良机。松方财政的实行正提供了这一机遇。

若将松方财政与官营企业处理相联系，大致可以看到松方财政的两个特征。1881 年政变后，萨长藩阀政权下的松方财政所具有的一个特征，即为了扩充、强化天皇制国家的军事机构而实行财政军事化。[④] 官营事业处理可以理解为带有这样的意图，即（政府）向官营军事产业集中。[⑤] 对殖产兴业政策的理解不能否定其军事性质。处理官营事业是在一个新的时间段内，军备扩张的基础是通过松方财政体制，进行军事工厂的整备，促使政商资本在独占产业的各部门向产业资本转化，迈向日本资本主义的新阶段。[⑥] 而此时明治政府正处于转变国防战略时期。

1880 年 11 月 30 日，参谋本部部长山县有朋向天皇进呈《邻邦兵备略表》。其中提到："方今万国对峙，各划疆域而自守，非强兵则不能独立……内治以巩固，外防以周密……"[⑦] 1881 年 5 月 31 日，陆军卿大山岩与参谋本部部长山县有朋上奏了意见书《海岸防御建筑费》。其中提到海岸

---

① 杨栋梁、江瑞平：《近代以来日本经济体制变革研究》，人民出版社，2003，第 83 页。

② 長岡新吉編著『近代日本の経済—統計と概説』ミネルヴァ書房、1988、208 頁。

③ 汤重男、王仲涛：《日本近现代史（近代卷）》，现代出版社，2013，第 201 页。

④ 大石嘉一郎『日本資本主義百年の歩み』東京大学出版会、2005、38 頁。

⑤ 『「講座日本史」5—明治維新』東京大学出版会、1978、223 頁。

⑥ 『「講座日本史」5—明治維新』東京大学出版会、1978、224 頁。

⑦ 大山梓編『山県有朋意見書』原書房、1966、91、92 頁。

防御是兵备的一大要务，东京湾的海岸防御尤为重要。[①] 1882 年 7 月，因朝鲜发生“壬午兵变”，紧接着日本政府完成了混成旅团的编制。日本学者认为：日本为了对外战争而动员军队，这是第一次，它表明日本军队的基本任务已从镇压内乱转向了对外战争。[②] 然而，实行松方紧缩财政的明治政府很难有充足的财政去支持军备扩张计划。但对经营不善、已成负担的一些官营企业的处理，可以在开源节流两个方向增加政府的财政收入。这就构成了松方财政的“军事性质”。

更需要特别注意的是，明治政府对工业的保护和助长，首先是从兵器工业开始的。这与当时日本的形势有关，面对“西力”来袭，首先必然要去思考如何才能充实本国的军事力量，捍卫国家的独立。因此，日本的近代化首先是从军事工业着手的。[③] 这也就解释了为何在官营事业处理上军事工业不仅没有被处理，反而扩大经营。可见当时明治政府将主要的精力用于近代军事产业的经营，军事部门在松方财政时因军备扩张政策而强化，[④] 而非军事产业则交由政商来经营。这就是日本版的“国退民进”。

但这种“国退民进”，明治政府起初并非如我们所认为的那样，通过极低的价格甚至是赔本处理给民间。明治 13 年（1880）11 月，政府为了节省经费，公布《工厂处理概则》对官营事业进行处理。工部省起先处理的条件非常严格，以致只有很少的工厂被处理，没有达到预期的目的，之后努力地放宽处理的条件。[⑤] 可见明治政府急需通过处理官营企业来实现财政上的节流，但最终还要考虑到民间资本的收购能力。这就为民间资本尤其是政商在收购之后继续经营提供了良好的条件。

之前，日本国内的金融体制不健全等因素造成国内市场紊乱，致使民间资本投资亏损。松方正义入主大藏省后，为了营造良好的营商环境，对纸币以及财政金融制度进行整顿，这就是松方财政的另一个重要特征。松方正义入主大藏省后，一方面于 1882 年设立了日本银行，紧接着在 1884 年，日本银行开始发行兑换券并颁布了《银行券兑换条例》，以后渐次地以政府的纸

---

① 山県有朋著、松下芳男編並びに解題『陸軍省沿革史』日本評論社、1942、175、176 頁。
② 〔日〕藤村道生：《日清战争》，米庆余译，上海译文出版社，1981，第 11 页。
③ 土屋喬雄『日本資本主義發達史』要書房、1954、68 頁。
④ 大石嘉一郎『日本資本主義百年の歩み』東京大学出版会、2005、29 頁。
⑤ 安岡重明『日本の財閥』日本経済新聞社、1980、77 頁。

币取代之。在此之时，日本总算克服了通货膨胀，确立了银本位制，建立了稳固的货币体系和信用制度。[①] 另一方面，对财政、金融制度进行了整顿。比如说与殖产兴业密切关联的日本兴业银行和日本劝业银行等特殊银行的设立。[②] 经过此番改革，日本国内的营商环境有了显著的改善。正如日本学者对松方财政的评价：克服通货膨胀，健全财政以及通货制度，将经济引向正常的轨道，这一事业是非常大的事业。[③] 伴随着纸币整顿的完成，通货价值得以稳定，对官营企业的处理逐步推进，终于在1885～1886年促成了近代机械工业最初的勃兴。[④]

一言以蔽之，松方财政在处理官营企业期间对政商资本的经营提供了不可或缺的经营环境和相应的政策支持。同时，对官营事业进行处理也是增加财政收入的一大措施。出售官营企业一方面增加了政府的财政收入，另一方面也减少了用于运营这些企业的资金支出，从这个意义上说，这一政策在减少财政支出方面也具有重大意义。[⑤]

日本在明治时期的这种“国退民进”式的近代产业建设，从法理上来看，是极不公平的。明治政府对官营企业的这种处理方式，剥夺了在自由经济这一大环境下，所有市场主体（企业）参与市场竞争的权利，并且剥夺了日本国民对官营企业所持有的“所有权”。从现实来看，则有其实用性的一面。此时，在近代产业体系还未建成，种种制度还未完善，尤其还要面临“西力”的情况下，明治政府在处理官营企业时只能将其交给可信之人，即政商。明治政府考虑的不是在法理上的公平性以及合法性，而是如何让可信之人把这些官营企业“搞活”这一现实性的要求。通过明治政府对官营企业的处理，我们可以看到这几乎是所有后进国家的一种“通病”。它们在近代产业建设、近代化建设上，考虑的不是纯“经济学”方面的问题，而是如何通过“政治经济学”来快速实现近代化。“政治”与“经济”的结合，可以说是这些后进国家近代化过程中的一大特色。二者完美地结合起来，将

---

① 大島清、加藤俊彦、大内力『人物・日本資本主義 2』東京大学出版会、1974、265 頁。

② 大島清、加藤俊彦、大内力『人物・日本資本主義 2』東京大学出版会、1974、270 頁。

③ 土屋喬雄『日本資本主義發達史』要書房、1954、49～50 頁。

④ 大島清、加藤俊彦、大内力『人物・日本資本主義 2』東京大学出版会、1974、102 頁。

⑤ 〔日〕浜野洁等：《日本经济史：1600～2000》，彭曦等译，南京大学出版社，2010，第64页。

极大地有利于近代化的实现。若二者以一种“四不像”的方式结合起来，那将使近代化过程变得极为曲折。

在处于内忧外患时期的日本，明治政府通过积极地向西方诸国学习，发展近代经济，以殖产兴业政策为核心。明治政府基于日本国内外形势的变化，从起初充当发展近代产业“先驱者”这一角色，到后来将这一重任交给以政商为主体的近代商人。在外有“西力”、内部政局动荡的情况下，明治政府尽可能地为发展近代产业“搭台”，同时也为政商的兴起创造了条件。

## 二　政商的诸相

建构近代的经济产业绝非明治政府的“独角戏”，还必须有能够“唱戏”的主体，这样才能完成这一“演出”。“唱戏”的主体，就是通过各种各样的方式同权力相结合的政商。[①] 当然“唱戏”的主体既有“主角”，也有“配角”，同时还有“丑角”，只有如此，才能完成戏剧演出。“主角”“配角”“丑角”是根据特定阶段政商自身的“经营能力”而定的。政商的“经营能力”，一方面基于自身对近代产业的经营能力，另一方面就如岩崎弥太郎日常常说的，“大凡对于事业，首先给予人的事是必要的。这必定会带来大的利益”。[②] 这就是基于其对政府内当权者的经营能力。

明治以后的财阀，自然而然地沿袭了日本传统的管理方法。创业者当然是有能力的企业者，这个企业庞大后，他为了独裁而疏忽了对人才的培养，因人才不足企业发展陷入难关的例子很多。安田、古河、大仓等就是这种例

① 楫西光速在其所著的《政商》一书中，将政商大体分为三种类型。第一种类型，从德川时代就同封建统治者相结合，以此积蓄巨资，并且在幕末维新的混乱时期支持后来的明治政府。三井、住友、鸿池就属于这种类型，此外中途破产的小野亦是。第二种类型，在幕末维新动乱期间一举完成了巨资的积累，可以被看作徒手空拳型的。从岩崎开始，之后的安田、藤田、大仓、浅野、古河等都是这种类型的代表。第三种类型，如涩泽、五代等，由明治政府的官僚转变而来，投身于实业界。大島清、加藤俊彦、大内力『人物・日本資本主義 2』東京大学出版会、1974、13～15 頁。

② 大島清、加藤俊彦、大内力『人物・日本資本主義 3』東京大学出版会、1974、48 頁。

子。[1] 由此可见，对近代产业的经营能力，决定着企业的兴衰。另外，明治时期的政府始终处于动荡不安之中，这对于政商来说，其命运自然充满了不确定性。因此，政商对政府内当权者的经营能力则主要有两种形态。三井同其靠山井上馨之间的关系，是非常态的。像井上馨这种始终能够对政府施加影响力的人物，在明治时期是不常见的。三菱同大久保利通、大隈重信的关系，则是一种常态的关系。政府内当权者的生死与是否持续掌权，是充满变数的。因此，仅仅依靠于对政府内当权者的经营，是不能保证政商立于不败之地的。一言以蔽之，这两方面一起决定着政商的兴衰，但前者显得更为重要。

### （一）殖产兴业政策前期：政商的“经营能力”

明治初年，三井组与小野组和岛田组一同被政府指定为货币汇兑机构，从事官费出纳业务。明治 7 年 10 月 22 日，政府发布《抵押增额令》，致使小野组和岛田组筹集抵押物失败，相继于 11 月和 12 月倒闭。此时三井组为了应对危机，以求得超过 200 万日元的缴纳抵押物，命令各个商店放缓资金投放，导致积压增加。根据最近的研究，三井组不足的资金是从英国东洋银行借来的。虽然渡过了这次危机，但三井组需要解决返还借款这一新问题。明治 8 年下半年陷入严重的债务危机后，三野村再次奔走，结果得到了政府优厚的保护。[2]

三井得以克服这次危机，固然有被称为三井家的终生顾问井上馨从中帮助。这一点我们从《三井家宪》施行法前文中的记载可以看出：

> ……井上馨伯爵殿下，明治七年及明治二十四年于三井家危难之际，给予挽回衰退之助，得以昌盛至今日。[3]

从应对此次危机有效的做法中，我们可以看到三井所采取的应对举措可谓“冒天下之大不韪”。尤其是明治政府在对待外资的问题上和幕

① 安岡重明『日本の財閥』日本経済新聞社、1984、28～29 頁。

② 三井文庫編『三井のあゆみ』吉川弘文館、2015、55 頁。

③ 三井文庫編『三井のあゆみ』吉川弘文館、2015、75 頁。

府及诸藩不同，始终存有戒心。[①] 但之后陷入债务困境的三井不得不求助于政府，虽然此时主管财政的三井家的顾问井上馨已经下野。不过，三井通过建立三井物产来同政府创办的三池煤矿进行合作，以销售三池的煤炭，故终于得到了政府的优厚保护。然而，小野组背后却没有一个井上馨这样的高官，而且小野组与三井组相比，业务范围更广（三井则进行保守式经营）。它将保管的国库金投入了大米、蚕卵纸和生丝期货市场，经营面铺得非常开。[②] 在这两个因素上同三井相比相形见绌，至此，江户时期以来同为御用商人的小野、岛田于 1874 年破产没落后，（三井）成为政商中的翘楚。[③] 这有赖于其渡过了明治 7 年的那次危机。三井通过明治政府内的"代言人"，并且在经营方面极为谨慎，因而得以继续存活下去。这是殖产兴业政策期间政商"经营能力"的一种表现形式。

三菱通过 1874 年的佐贺之乱和"征台之役"，结交上了政府，使同邮便蒸汽船会社的竞争画上了终止符。岩崎通过利用这些事件，积极地向明治政府靠近，并积极地支持政府。以后，结交政府成为第一要义，政商专心于利用这样的活动以获得巨利。[④] 例如，在"征台之役"中，大部分军需由三菱会社一手运输，完成了卓越的使命。三菱的劲敌邮便蒸汽船会社（属于半官半民性质的会社，得到明治政府的大力扶植——笔者注），则仅完成少量运输，全无成绩可言。此次战役之后，三菱会社同邮便蒸汽船会社的地位全然颠倒。三菱会社的发展，旭日冲天。[⑤] 由此，"征台之役"后，三菱摇身一变，开始成为政府的御用会社。[⑥]

三菱积极地支持明治政府的内外政策，成为明治政府的"马前卒"。之后，明治政府出台了支持发展海运的政策[⑦]，而三菱则成为政府扶植保护的

① 万峰：《日本资本主义史研究》，湖南人民出版社，1984，第 173 页。

② 〔日〕鹿岛茂：《日本商业之父：涩泽荣一传》，王鹤、池淼译，浙江大学出版社，2014，第 519 页。

③ 松元宏『三井財閥の研究』吉川弘文館、1979、7 頁。

④ 大島清、加藤俊彦、大内力『人物・日本資本主義 3』東京大学出版会、1974、75 頁。

⑤ 『偉人伝全集・第 12 巻』改造社、1932、306～307 頁。

⑥ 『偉人伝全集・第 12 巻』改造社、1932、296 頁。

⑦ 1875 年 5 月，大久保利通提出海运三策，之后出台了《第一命令书》，三菱成为这一政策的巨大受益者。

对象。正如日本学者所言，三菱处于幕末维新的动乱时期，藩权力弱化、废藩置县、士族叛乱、局势高度紧张等，各种各样的改革和事件成为其经营发展的跳板。[①] 这是殖产兴业政策期间的政商“经营能力”的另一种表现形式，即积极地支持明治政府的内外政策，进而成为政商，由此获得政府优厚的回报。

这一时期政商的“经营能力”，还主要体现为对明治政府内当权派的经营能力，同时自身对近代产业经营能力的重要性也开始显现出来。这得益于明治政府“诱导”政策下的“摇篮”所起的作用。在殖产兴业政策后期，政商的“经营能力”则有赖于其对近代产业的经营能力。

### （二）殖产兴业政策后期：政商的经营能力

明治政府在殖产兴业初期扮演着“大政府”这一角色，因此民间资本很难进入相关领域。之后政府财政危机以及对外政策的转变，促使明治政府在发展近代产业上的角色由“大政府”转变为“小政府”。从松方财政紧缩时期到第二次企业勃兴期以前，可以说日本的经济原则上是由“小政府”运营的。[②] 这种情况的出现，使企业的兴衰往往是凭借其自身在近代产业上的经营能力。

政府对官营企业的处理，虽然有时对与明治政府有密切关系的政商开“绿灯”，但明治政府考虑的还是要如何把处理后的官营企业“搞活”。对于此点，日本学者有比较切实的认识。这个时期存在承担企业经营任务这一重要的事实，政府将事业托付给政商是基于对他们能力的观察和评价。[③] 比如说川崎正藏在1887年买下兵库造船所，并不单单因此他是萨摩藩出身，而是因为他对造船业有大约10年实际经验的积累。岩崎、浅野、古河、三井等财阀接收了被处理的官营企业，以旧官营工厂为基盘进行多元化经营推动了自身的成长，这是事实。但是，不能忽视它们在官营事业处理以前自身的经营能力。[④] 这点在川崎和平野富身上有较好的展现。

---

① 宮本又郎等『日本経営史』有斐閣、2007、110頁。

② 〔日〕浜野洁等：《日本经济史：1600～2000》，彭曦等译，南京大学出版社，2010，第118页。

③ 宮本又郎等『日本経営史』有斐閣、2007、139頁。

④ 宮本又郎等『日本経営史』有斐閣、2007、140頁。

川崎一直想合并对岸的官营兵库造船所，1880 年明治政府颁布《工厂处理概则》，为川崎提供了重要机会。这时川崎虽因财政资金上出现了问题，以及家庭方面出现了不幸之事，但仍然向农商务大臣提出贷款买下官营兵库造船所。但是，旧幕臣平野富二所经营的石川岛造船所也想贷款买下官营兵库造船所。二者形成竞争关系，不容易解决。政府方面认为平野和川崎在造船历史上不分伯仲，希望两者进行联合来共同经营。此时高木兼宽（川崎的主治医师）同松方正义和井上馨有交情，并向他们传达了买下官营兵库造船所的意愿，这时天平向着川崎一方倾斜。明治 19 年 4 月 28 日，川崎正藏决定买下官营兵库造船所，并比平野富二提前一步提出以实际成绩来购买的意愿书。

于是川崎在明治 19 年 5 月将对岸的川崎兵库造船所转移，改称川崎造船所。同时，将东京的川崎筑地造船所转移合并到神户大本营，一元化的管理使经营组织变得轻盈化。同时，大幅减员、工资支出的消减、采用分工作业等，使其进入民营造船所生产管理合理化的轨道。政府认识到了川崎经营的手腕，于明治 20 年 7 月将官营造船所卖给川崎。①

川崎和平野富都是有靠山的政商，如何在竞争中脱颖而出，此时其自身的近代产业经营能力显得十分重要。这是一种现象。

萨摩商人五代友厚曾出钱赠物支持倒幕，维新后也是政府大力扶植的对象，一时享有“东涩泽、西五代”之美誉。② 五代于 1881 年牵涉进北海道官产出售事件——萨摩出身的北海道开拓使黑田清隆将政府财产以低廉价格出售给同乡——出身萨摩的政治商人五代友厚。当时三菱家族也想垄断北海道海运权，与五代主持的关西商会展开激烈竞争。和三菱关系密切的大限重信将这个消息捅给了报社，社会舆论一致抨击政府黑幕，事态发展得越来越严重，结果搞得明治天皇亲自来断案，大骂大限重信是野心家，但黑田清隆也因为这件事而去职。五代友厚因这件事最终失败，直到最后也没能在财界重新崛起。生卒年大致与岩崎弥太郎一致的五代友厚，走出了与岩崎完全不同的轨迹。与岩崎主体条件的差别包含在合作者以及扩大家业的理念中。③

① 安岡重明『日本の財閥』日本経済新聞社、1980、85～87 頁。

② 杨栋梁：《日本近现代经济史》，世界知识出版社，2010，第 61 页。

③ 石井寛治『日本経済史』東京大学出版会、1994、142 頁。

五代友厚在明治14年政变后依然积极地活跃在商业领域。1881年5月创立大阪制铜会社，开始铜线、铜板的制造。1884年6月，五代提议创设阪堺铁道会社。1884年6月，联合关西系船主成立了大阪商船会社。[①] 就其一生来说，将五代（友厚）作为实业家来看，他确实在新事业的兴起上有着重要的想法和实干能力，总之在这一点上他是成功的。但是如果从长远的眼光看，他的生意很多都是亏损的，直到临死之时，还负债数百万日元。[②] 五代友厚与同样作为政商的岩崎弥太郎等相比，还要逊色一些。由此，（五代友厚）比起作为一个实业家来说，他更像是一个虚业家。[③]

从岩崎弥太郎与五代友厚各自不同的命运，我们可以看到日本近代产业的发展，更需要的是那种能够急速地实现资本积累的政商。北海道事件引发了明治14年政变这一明治政府内部重大的变动。这件事就三菱而言，是通过破坏黑田清隆与五代友厚之间的内幕交易，进而打击竞争对手。然而，最终与三菱关系密切的大隈重信被免职，并且大隈一派遭到清洗。如此对于三菱来说，其损失不亚于甚至远远大于五代友厚。对于三菱和五代友厚来说，几乎同时失去了政府要员这一靠山的支持，但与此同时三菱还需要面临来自共同运输会社的激烈竞争，并且更为不幸的是，在三菱会社同共同运输会社持续激烈的海上商战的最紧要关头，1885年2月7日，岩崎弥太郎结束了50岁零1个月的生命。[④] 然而，岩崎弥太郎的继任者岩崎弥之助最终带领三菱走出了困境。之后将三菱的事业方向定位为“从海到陆”，发展了煤矿、银行、造船等许多副业，并创立了“三菱社”，与五代友厚形成鲜明的对比。

明治政府内部的派系斗争，或大或小影响着与之有关的政商的命运。派系斗争的失败，使与之有关的政商不仅失去了靠山，而且面临来自竞争对手的打压。这时经营能力显得尤为重要，这点在三菱与共同运输会社之间的交锋中体现得淋漓尽致。

三菱的庇护者大久保利通被暗杀后，三菱仍然继续发展。支持三菱的大隈重信因明治14年政变下野。1882年7月，井上馨、品川弥二郎、三

---

① 大島清、加藤俊彦、大内力『人物・日本資本主義3』東京大学出版会、1974、360頁。

② 大島清、加藤俊彦、大内力『人物・日本資本主義3』東京大学出版会、1974、353頁。

③ 大島清、加藤俊彦、大内力『人物・日本資本主義3』東京大学出版会、1974、335頁。

④ 小林正彬『岩崎彌太郎——治世の能吏、乱世の姦雄』吉川弘文館、2011、113頁。

井、涩泽、大仓等创建共同运输会社（共同运输会社带有极为浓厚的政府色彩，比如说其社长伊藤隽吉是现役海军少将，副社长远武秀行是海军大佐——笔者注），以此来对抗三菱。[①]（岩崎弥太郎）有了强力的竞争对手。[②]面对这种形势，三菱在共同运输会社开始营业的1883年1～2月，将各航路的低级运费下调。为了运营的合理化，减少或放弃了一些航线。处于松方财政紧缩时期，对于航运业来说，最重要的是获得船客。三菱在共同运输会社加入以前就实行定期分配船只的政策。[③]可以看出，三菱尽可能地采取积极的应对举措。但是，双方在主要航路上的竞争，导致运货收入的减少。[④]双方激烈的降价竞争，使各自都损失惨重。此时，明治政府基于内外形势的变化，深切地认识到恢复海运界的统一成为一种必要。[⑤]最终在明治政府的干涉下，两家公司达成妥协，于1885年合并成立日本邮船会社。如此就成立了以后成长为日本海运界拥有独占地位的巨大会社。[⑥]

从这一时期双方的竞争及其最后的结果来看，固然最后是以政府的干涉而告一段落。但这一时期的三菱，既失去了政府内政治人物的支持，同时又面临拥有政府内政治人物支持的共同运输会社的竞争。在这样一种极为不利的情况下，三菱依托经营方面的手段，"死扛"至政府最后不得不出面干涉。

在形容政商与明治政府之间关系时，日本学者有这样形象的比喻。士族出身的实业家和明治政府的藩阀官僚关系密切，恰如"单卵双胞胎"。[⑦]当天真无邪之时，他们能够和平相处；当发生利益纠葛之时，他们必将进行搏斗。这点在三菱和共同运输会社在海运领域的竞争中有较明显的表现。

政商同明治政府的关系"藕断丝连"，虽然落败使它们同政府犹如"藕断"了般，但它们同政府之间的"丝"还"连"着。这"丝"就是具有近

---

① 宫本又郎等『日本経営史』有斐閣、2007、110頁。

② 小林正彬『岩崎彌太郎——治世の能吏、乱世の姦雄』吉川弘文館、2011、97頁。

③ 小林正彬『岩崎彌太郎——治世の能吏、乱世の姦雄』吉川弘文館、2011、103頁。

④ 小林正彬『岩崎彌太郎——治世の能吏、乱世の姦雄』吉川弘文館、2011、103頁。

⑤ 大島清、加藤俊彦、大内力『人物・日本資本主義3』東京大学出版会、1974、96頁。

⑥ 大島清、加藤俊彦、大内力『人物・日本資本主義3』東京大学出版会、1974、99頁。

⑦ 辻岡正己『日本資本主義成立過程における政府と政商との結合の必然性》（一）広島経済大学、1969、65頁。作者引于福地重孝『士族と士族意識』、279頁。

代产业经营能力的政商与政府殖产兴业在目的上具有的一致性。

与政府有浓厚的关系固然是事业发展的“助推器”，但这不是决定政商事业发展的唯一要素。与政府的关系使政商能够出演一场戏剧中的一个角色，但真正能够演好这一角色，则取决于政商的自身专业素养。作为脆弱的后进的日本近代产业的主体，在明治政府的扶植保护下，政商通过自身的有效经营，既使自身得以迅速扩张，同时也推进了日本近代产业的飞速发展。

## 三　结语

明治政府近代日本产业建设的核心就是殖产兴业政策，它是一个由无到有再到完善的过程。明治政府在这里所扮演的是“搭台者”的角色，这是近代日本产业建设的一大“引擎”。除此之外，另一大“引擎”就是与明治政府有着极为密切关系的政商，它们是登台演出的“演员”。政府“引擎”的发动为政商“引擎”的发动预热，预热后的政商“引擎”助推着政府“引擎”。最终两大“引擎”一齐发动，演出了近代日本产业建设中的一台“大戏”。对于后发国家日本来说，通过这种极具“日本特色”的方式，完成了近代产业的初建，进而摆脱了沦为半殖民地的命运。但是，近代日本产业建设，在本质上是服务于近代日本的对外侵略扩张政策的。

## On the Industry Breeding and Business Initiating Policy and Political Merchants

*Lu Jiayang*, *Chen Jingyan*

**Abstract**: Protected by the Meiji government after the Meiji Restoration, political merchant is the privilege merchant capital formed in the early monopolized stage. It corresponds to the establishment of the industrial capital after the Japanese-qing Dynasty war, forming a new monopoly, and turns to the chaebol capital. This paper mainly discusses the policy of Industry Breeding and Business Initiating of Meiji government and the role political merchants play in this process. On the one hand, Meiji government, based on the internal and external situation, adjusts the policy of industrial development, and creates an environment for the development of modern industry. On the other hand, political merchants play different roles in this environment. Together, they promote the development of modern Japanese industry.

**Keywords**: Meiji Government; Industry Breeding and Business Initiating; Political Merchants

# 战后日本学界有关“回归日本”问题的论说*

戴宇　张晋**

【内容提要】1937年12月，被称为日本近代诗歌之父的萩原朔太郎发表了《回归日本——独自悲歌》一文。在这篇随笔中，萩原朔太郎以“回归日本”为主题描述了昭和十年代初期日本社会所出现的一种欲“回归故里”的氛围和景象。此后，“回归日本”常被人们用来泛指日本历史上周期性出现的强调回归日本传统和价值的现象。而就“回归日本”这一现象和问题，自20世纪60年代开始，战后日本学界就一直给予了较大的关注，并出现了一系列思考和探讨该问题的论说。

【关键词】战后日本学界　“回归日本”　周期性

## 引　言

1937年12月，被称为日本近代诗歌之父的萩原朔太郎在杂志《生命》上发表了随笔《回归日本——独自悲歌》一文。在该文开头，萩原朔太郎

* 本文系教育部人文社会科学重点研究基地重大项目“儒学、西学与日本自我认知构建研究”（13JJD770013）、“中日韩国家关系新变化与区域合作战略”（16JJDGJW006）研究成果。

** 戴宇，吉林大学东北亚研究院教授，日本研究所研究员，研究方向为日本近现代史；张晋，吉林大学东北亚研究院博士研究生，研究方向为日本近现代史。

这样写道：明治以来的日本，以近乎超人的努力狂热地学习西欧文明。可是，这种行为并不是出于自发，而是因被培里黑船威胁，感到将被白人以西洋武器和科学侵害的日本人，为了守护东洋孤岛而不得不做出的一种自卫上的选择。……日本人的西洋崇拜热并不是为了从属西洋，而恰恰相反，正是为了对抗和战胜西洋而做出的努力。①

从上面这段话可以看出，萩原朔太郎认为近代日本学习西洋是为了抵御西方的一种被动和模仿式的自卫行为。而这一点，实际上也正是日本近现代史上反复交替出现“欧化”与“国粹”（亦即回归日本）这种现象的一个深层原因。

接下来，萩原朔太郎谈到了这篇文章的主题——从“心醉西洋”中清醒过来的日本人对回归自己故里的向往，即“回归日本”问题：日本人终于从长时间的心醉西洋中清醒过来，对自己的文化有了反省；日本人终于从长达七十多年的“国家非常时期”的外游中解放出来，得以回归自己的故乡。然而，我们外游的时间太久了！在返回故里时，蓦然发现家乡早已是轩檐朽败，庭院荒落，昔日面貌已不复存在。“日本之物”早已全然不见踪影，荡然无存，这一切真是令人感慨万千。我们一面追思着往昔，一面要在这片荒废的土地上觅寻“日本之物”，漫无目标而又落寞地徘徊着，我们是一群悲情的漂泊者！②

在这段话中，萩原朔太郎以沉重的心情描述了当时即昭和 10 年代初期日本社会弥漫着的欲“回归故里”的氛围。这篇写于战前的随笔被认为是最早地使用了“回归日本”一词的文献，此后人们在探讨日本历史上的“回归日本”这一现象和问题时，都不能不提到萩原朔太郎的这篇文章。而“回归日本”一词也被人们用来泛指日本历史上周期性出现的强调回归日本传统和价值等的一种现象。而自 20 世纪 60 年代开始，战后日本学界就一直对“回归日本”问题③给予了较大的关注，从而出现了一系列以不同视角或理论对“回归日本”问题进行思考和探讨的论说。

---

① 萩原朔太郎：《萩原朔太郎全集 10》，东京：小学馆，1944，第 4～6 页。

② 萩原朔太郎：《萩原朔太郎全集 10》，东京：小学馆，1944，第 6 页。

③ 这个问题实质上也就是“欧化与国粹”“西化与回归日本”等问题。

## 一 20 世纪 60 年代的论说

### （一）加藤周一的“二重构造论”

较早对日本近代史上的“回归日本”现象予以关注的是文化学者加藤周一，他在《日本人的世界像》一文中指出：近代日本和外部世界的关系是一种悖论式的二重构造。近代日本在某一时期面向外部主张自我，表现为“排斥”；某一时期则从外部学习事物，表现为“摄取”。日本近代史就是这二者交替出现的一个循环过程。①

依据此“二重构造论”，加藤周一对近代日本“摄取”和“排斥”的各自时期进行了如下划分。明治维新后的十几年是学习西洋的开放时期，是以自由民权运动和鹿鸣馆为象征的“摄取”时期，即第一次“欧化”时期。在从明治 18 年开始到第一次世界大战结束的三十年间，日本在思想上是天皇制，在政治上是军国主义与官僚主义，在经济上则表现为以贫农与低工资劳动者为基础的巨大资本的积累。在此期间，整个日本社会开始出现强调日本独一无二之国体与日本精神的倾向，为防止日本沦为殖民地而进行的近代化变质为膨胀主义，是为第一次“排斥”时期。第一次世界大战后到大正末期与昭和初期，是日本再次学习外国的时期，即第二次“欧化”时期；1930～1945 年的十五年战争期间，日本则进入一个全面停止对外部世界的摄取而进行排斥的阶段，是为第二次“排斥”时期。1945 年战败后，日本则再次进入对外部世界进行摄取的时期。②

从上可见，加藤周一认为日本近代史上之所以多次交替出现学习外部事物的摄取时期和主张自我的排斥时期，正是因为近代日本与外部世界存在一种悖论式的“二重构造”。

---

① 加藤周一：《日本人的世界像》，《近代日本思想史讲座 8》，东京：筑摩书房，1961，第 229～230 页。

② 加藤周一：《日本人的世界像》，《近代日本思想史讲座 8》，东京：筑摩书房，1961，第 230～233 页。

### （二）宫川透的“远心求心论”

继加藤周一的“二重构造论”之后，宫川透在1966年出版的《日本精神史序论》一书中，提出了自己的“远心求心论”：明治维新以来的日本近代精神史过程，是以“向西欧·世界倾斜”与“回归日本”这两种远心和求心运动为杠杆而呈现出的一种波浪状或螺旋状的思想轨迹。[①] 就其原因，宫川透认为19世纪以前处于远东的日本，在19世纪后半期作为“远西”受到了西洋的冲击，并以此为契机而开始了近代化和资本主义化。在这一发展过程中，东西两种文化发生碰撞，导致了这种现象的出现。[②] 针对明治维新以来日本历史上出现的这种现象，宫川透做了如下分析：到20世纪60年代，在近代日本精神史上，“向西欧·世界倾斜”与“回归日本”这种波浪状运动出现过三次。明治初期的启蒙主义可谓第一次“向西欧·世界倾斜”，到明治20年代则出现了第一次“回归日本”；大正时代出现了第二次“向西欧·世界倾斜”，昭和10年代前后则出现了第二次“回归日本”；战后启蒙主义为第三次“向西欧·世界倾斜”，昭和30年代后半期以后则为第三次“回归日本”。[③]

宫川透后来在《近代日本思想史基础知识》一书的“回归日本”词条中，再次强调了自己的“远心求心论”：明治以来100多年，近代日本文化发展之所以呈现出波浪状或螺旋状的轨迹，就是基于这种外与内的远心求心运动的发展。[④]

### （三）上山春平的“大小波动说”

与加藤周一、宫川透不同，上山春平在同一时期，从更为宏观的角度对日本历史上的“摄取与排斥”“欧化与回归”现象进行了分析和论述。在《日本文化的波动——大波动与小波动》一文中，他首先指出：日本面对外来文化，有着积极摄取外来事物的时期，也有着与外界隔绝而在内部消化所

① 宫川透：《日本精神史序论》，东京：纪伊国屋书店，1966，第184页。
② 宫川透：《日本精神史序论》，东京：纪伊国屋书店，1966，第197页。
③ 宫川透：《日本精神史序论》，东京：纪伊国屋书店，1966，第184页。
④ 宫川透：《回归日本》，桥川文三等编《近代日本思想史基础知识》，东京：有斐阁，1971，第364页。

摄取事物的时期，这两个时期交替地出现在日本历史上。……作为大的历史波动，基本上是每隔600年开始轮回，一个完整周期是1200年。从公元300年左右开始摄取中国文化，到900年左右达到顶峰，894年菅原道真建议废止遣唐使即为其主要标志。对唐文化的直接接受告一段落后，则开始出现和风文化，但唐文化之影响仍然持续着，这种状况持续了300年左右。而从1200年左右开始，则进入一个以武士为中心的文化内面化的时代，其间产生了日本自己的东西，这种情况到1500年左右达到高潮。1543年葡萄牙人漂流到种子岛标志着日本从1500年左右开始接触欧洲文化，但同时也在内面化，到1800年左右则再次进入一个积极摄取外部事物的时期，一直到今日。①

从上可见，上山春平认为，公元300年左右到废止遣唐使的894年的近600年，主要是日本学习和摄取中国文化的时期；而从公元900年左右到1500年左右的600年，则是日本消化中国文化并形成自己和风文化的时期；1500年左右到1800年左右的300年，则是日本继续摄取外来文化并同时进行内部消化的时期。而自1800年左右以后，则又进入一个摄取外来文化的时期。上山春平的这种“大波动”视角或许对人们从一个更大的时间跨度来理解和把握日本历史上交替出现的摄取外来文化与回归日本的这一现象具有一定的启示，但也确有需要进一步思考和探讨之处。

而对于明治维新后的日本近代历史过程，上山春平认为其存在每隔20年左右出现一个“小波动”的小周期：明治政府成立到明治20年左右，是积极摄取欧洲文化的时期；自明治20年左右开始，则进入“内面化”时期；自明治40年左右开始，又再次走向外部世界；而到了昭和初期，再次回归进入“内面化”时期；在自1945年以来的战后20年里，则再次开始走向外部世界。②

概言之，上山春平的“大小波动说”的主要观点是：从长时段跨度来

① 上山春平：《日本文化的波动——大波动与小波动》，梅棹忠夫、多田道太郎编《日本文化构造》，东京：讲谈社，1972，第180～181页；原载杂志 *Energy* 1967年10月第15号《文化的连续与非连续》专辑。

② 上山春平：《日本文化的波动——大波动与小波动》，梅棹忠夫、多田道太郎编《日本文化构造》，东京：讲谈社，1972年，第181～182页；原载杂志 *Energy* 1967年10月第15号《文化的连续与非连续》专辑。

看，日本的开放时期和内面化时期每隔600年交替出现，是为“大波动”周期；从短时段跨度来看，明治维新后，“欧化”时期与“回归日本”时期每隔20年左右交替出现，是为“小波动”周期。“大波动”的一个完整循环周期为1200年，即600年对外开放，600年面向内部；“小波动”的一个完整循环周期为40年，即对外开放20年，“内面化”20年。

## 二 20世纪70～80年代的论说

### （一）山本新的比较文明论视阈下的论说

进入20世纪70年代，山本新从比较文明论的角度对日本近代史上的“欧化与国粹”现象进行了分析和论述。在《欧化与国粹》一文中，山本新写道：当具有优势的外来文明闯进本土文明之中，并深深浸透其中时，本土文明通常会出现两种反应：一是要顺应外来文明，二是欲抵抗外来文明。就明治维新以后的近代日本而言，欲顺应外来的近代西洋文明的就是“欧化”，而欲抵抗之的就是“国粹”。然而，本土文明顺应和抵抗具有优势的外来文明的这两种反应，并不仅仅是近代日本所独有的现象，西洋世界以外的所有文明社会，都出现过顺应和抵抗西洋这两种反应。“欧化与国粹”并不应被视为近代日本的特异性，而是不得不通过西洋化来实现近代化的西洋以外所有社会所出现的共同现象。①

此外，山本新还指出：类似于“欧化与国粹”的这种现象不仅仅发生于近代，即使在近代以前，也有过具有压倒性优势的文明对其他文明产生相当影响的事例，如大致从公元前323年到公元前30年的“希腊化”和从7世纪到17世纪的“伊斯兰化”。② 也就是说，在山本新看来，类似于“欧化与国粹”的这种现象，既不是仅为日本所特有的，也不是只有近代才发生的，而是因外来文明侵入，本土文明发生变化之际，某个区域或国家在某个时期都会出现的一种共同现象。

---

① 山本新：《欧化与国粹》，《周边文明论：欧化与土著》，东京：刀水书房，1985，第142页；原载神奈川大学人文学会《人文研究》第56集，1973。

② 山本新：《欧化与国粹》，《周边文明论：欧化与土著》，东京：刀水书房，1985，第142～144页；原载神奈川大学人文学会《人文研究》第56集，1973。

而就“欧化”和“国粹”的循环周期，山本新认为明治维新以来一百多年的日本近代史上，“欧化”和“国粹”风潮几乎每隔20年就会交替发生。到20世纪70年代，“欧化与国粹”一共有三次循环：第一次欧化时期是明治维新以来的文明开化时期，而从明治20年左右开始，对欧化的反动则开始强烈起来，其标志就是政教社的成立。这种国粹倾向一直存续到日俄战争结束和修改不平等条约的完成。随着这股“国粹”风潮的结束，日本又开始转向“欧化”，迎来了以大正民主为中心的自明治末期到昭和初年的第二次“欧化”时期。山本新认为第二次欧化远远地超越了第一次，这是因为原来带有限制的“欧化”变为无限制的“欧化”。第二次欧化以后，则开始进入第二次“国粹”时期，一直持续到日本战败。战败后，日本开始了第三次“欧化”，并于昭和40年左右进入第三次“国粹”时期。①

### （二）近藤涉的《〈回归日本论〉序说》

进入20世纪80年代，近藤涉出版了其个人论集《〈回归日本〉论序说》，对“回归日本”现象进行了分析和论述。近藤涉认为“回归日本”不只是受到西洋文化冲击的18世纪以后日本历史上的一种独特现象，实际上，在接受西洋文化以前，作为东洋文化的一环，日本文化就已经针对东洋文化开始确认“自己同一性”，即开始“回归日本”。也就是说，“回归日本”现象在中世乃至在古代也是存在的，并且其精神和理念构造都是一样的。②此外，近藤涉还着重分析了昭和初期的“回归日本”即“第二次国粹”出现的原因，他认为：经过日俄战争和第一次世界大战，日本初步实现了自己的近代化目标。但一些知识分子开始注意到日本前近代的一些要素濒临崩溃。感受到这种危机的知识分子欲再编和强化这些要素，由此产生的思想和运动就是“回归日本”。此外，作为日本近代化榜样的欧洲自身在1910年以后也面临“西方的没落”这样一种困境，为此作为日本国是的“脱亚入欧”路线被迫迎来了重大转换。③

---

① 山本新：《欧化与国粹》，《周边文明论：欧化与土著》，东京：刀水书房，1985，第171～179页；原载神奈川大学人文学会《人文研究》第56集，1973。

② 近藤涉：《〈回归日本〉论序说》，东京：JCA出版，1983，第10～11页。

③ 近藤涉：《〈回归日本〉论序说》，东京：JCA出版，1983，第24页。

### （三）西川长夫的《欧化与回归——日本的表象》

以“国民国家论”研究闻名的西川长夫，也多次谈到“欧化与回归”现象。而他最早论述该问题的文章就是《欧化与回归——日本的表象》（写于1986年，后收于2008年出版的《回归日本・再论》一书中）。在该文中，西川长夫认为“欧化与回归”即欧化主义与民族主义交替出现是理解近代日本的一个非常重要的现象，其决定着各个时代的占有支配性地位的意识形态。[①] 他认为自江户末期尤其是开国以来，欲追随西欧模式而推进近代化的欧化主义和要保持传统与纯粹日本价值的民族主义（国粹主义）之间，一直存在深刻的对立和纠葛。因此，日本近现代史的主要特征便是欧化主义（近代主义）时期和民族主义（国粹主义）时期的交替出现。[②] 西川长夫将“欧化”与“回归”的交替出现分为三个循环周期：自明治维新开始到明治16年和明治17年，欧化主义占有支配性的地位，是为第一期欧化主义；明治末期大正初期到1930年左右，为第二期欧化主义；第三期欧化主义则是从1945年到1960年左右。而民族主义的第一期则处于欧化主义第一期与第二期之间，其第二期则从第二期欧化主义的末期到第二次世界大战日本战败，1960年左右以后为其第三期。[③]

## 三　20世纪90年代以后的相关论说

### （一）西川长夫对“回归日本”问题的进一步论述

进入90年代以后，西川长夫从“国民国家论”的视阈，更为深入地分析和论述了“回归日本”现象。在论文《近代日本的文化受容问题》一文中，西川长夫写道：在我国的近代化过程中，存在欧化主义倾向与国粹主义倾向的对立纠结，这是江户末期开国派与攘夷派对立以来有目共睹之事实。而且，欧化主义倾向与国粹主义倾向交替出现并成为

---

① 西川长夫：《回归日本・再论》，京都：人文书院，2008，第13页。

② 西川长夫：《回归日本・再论》，京都：人文书院，2008，第13页。

③ 西川长夫：《回归日本・再论》，京都：人文书院，2008，第13～14页。

时代潮流的这种认识，在大正初年就已经出现。但欧化与国粹的规律性周期现象为人所关注和思考是60年代以后的事情。[①] 在文中，西川长夫着重介绍了加藤周一、上山春平、山本新三人有关“欧化与国粹”的论说。此外，西川长夫还特别指出了一个现象：欧化时期日本社会整体上呈现出民主主义倾向，而国粹时期则出现的是战争、对外侵略、国家权力的扩张等。[②]

在《国境的跨越——比较文化论序说》一书的相关章节中，西川长夫再次评介了上山春平、加藤周一、山本新三人的论说，并重点对山本新的《欧化与国粹》一文进行了分析。西川长夫认为，山本新对“欧化与国粹”研究的贡献在于指出了“欧化与国粹”问题不只是日本的问题，而是摄取西洋文明所有国家共同面临的问题，也是近代以前所存在的异文化交流中的普遍问题。[③] 此外，在该书中西川长夫还强调了从“国民国家论”的角度来研究“欧化与国粹”问题的必要性：“欧化与国粹”是在近代国民国家这一框架内发生的，国民国家意识形态的本质就是“国粹”，国民国家形成自身就是欧化，国民国家具有加入国民国家世界体系和在国内统合国民这样一种矛盾的双面性。因此，“欧化与国粹”问题不仅应从本土文明针对异文明的侵入所表现出的两种反应这一视角进行研究，还应以国民国家的原理来加以考察。[④]

在《欧化与回归日本·再论》（写于2007年，后收于《回归日本·再论》一书）一文中，西川长夫再次从“国民国家论”的角度，强调了自己对“欧化与国粹”“欧化与回归”现象的理解：“欧化与回归”不仅限于日本，而且是伴随着“西欧膨胀”的国民国家时代的全球性现象。产生“欧化与回归”的架构基本上都与后发国家的国民国家之形成有关联。因此，不论是“欧化”还是“回归”，抑或是“转向”或“近代的超克”，都是一种与国民国家时代的国家相关联的国家意识形态（广义的民族主义）范畴

① 西川长夫：《近代日本的文化受容问题》，《立命馆语言文化研究》2卷第5、6合并号，1991年3月，第30页。

② 西川长夫：《近代日本的文化受容问题》，《立命馆语言文化研究》2卷第5、6合并号，1991年3月，第35页。

③ 西川长夫：《国境的跨越——比较文化论序说》，东京：筑摩书房，1992，第100页。

④ 西川长夫：《国境的跨越——比较文化论序说》，东京：筑摩书房，1992，第99~100页。

内的意识形态的反应。[1]

西川长夫在该文中还对以前未能论述的第四次“欧化”与“国粹”进行了分析：自20世纪70年代到80年代前半期，占支配地位的是回归潮流，然而随着80年代中期“国际化”呼声的出现，则转变为第四次“欧化”。当到了90年代中期“国际化”为“全球化”所替代时，则又开始了新的时代转换且一直持续至今。为此，自90年代中期开始，可以称为第四次回归时代。[2]

综合西川长夫此前的相关论述，其有关“欧化与国粹”的周期划分大致可以归纳如下：明治维新后到明治十六七年为第一次“欧化”时期，其后则为第一次“回归日本”（国粹）时期；明治末期大正初期到1930年左右则为第二次“欧化”时期，自第二次“欧化”结束到日本二战战败为第二次“回归日本”（国粹）时期；1945年到1960年左右则为第三次“欧化”时期，60年代以后到80年代前半期为第三次“回归日本”（国粹）时期；80年代中期到90年代中期为第四次“欧化”时期，90年代中期以后则为第四次“回归日本”（国粹）时期。

### （二）中村政则对第四次“回归日本”的论述

历史学家中村政则在1997年2月4日的《每日新闻》（晚刊）上发表了《第四次“回归日本”》一文，简要分析和论述了日本近现代史上的“回归日本”现象。对于前三次“回归日本”的循环周期，中村政则基本上认同宫川透等人的观点，并在其基础上阐述了他自己对第四次“回归日本”的理解：明治维新以来，欧化与国粹或者说国际主义与民族主义的周期循环是大约每隔30年就发生一次，而现在的“回归日本”是第四次。此次的“回归日本”是从80年代开始显现的，进入90年代则骤然表面化。其代表性表现就是石原慎太郎等人所写的《日本可以说不》和西尾幹二、藤冈信胜等人所宣扬的观点（指历史修正主义——引者注）。中村政则认为“回归日本”现象的共同特点就是对传统的再评价，宣扬

---

① 西川长夫：《欧化与回归日本・再论》，《回归日本・再论》，京都：人文书院，2008，“序言”第5页。

② 西川长夫：《欧化与回归日本・再论》，《回归日本・再论》，京都：人文书院，2008，第61页。

日本民族“优秀论”、主张日本国家自身的复权要求等。这种民族主义的周期循环在某种意义上似乎是日本近代特有的运动法则。中村政则还指出第四次“回归日本”对日本第一线的历史教育产生了很大影响，这是以前所没有过的。究其原因，有如下两点：第一，社会主义崩溃和马克思主义意识形态的凋落是其决定性的原因。在战后的历史学界，由于对战前的“皇国史观”进行了反省，马克思主义历史学和大塚久雄、丸山真男等人的影响很大，引导了战后历史学。第二，现在的学生不仅不知道战争，也不知道贫困。教师也大多是高速经济增长时期成长起来的，也没有经历过战争和贫穷。[①]

## 结　语

综合日本学界的以上相关论述可以发现，从广义而言，“回归日本”泛指日本历史上作为对外来文化的反动或反弹而出现的一种欲回归日本固有文化与传统价值等的一种现象。从狭义来讲，“回归日本”主要是特指日本近代以来作为对“欧化”、“西化”甚或国际化的反动而出现的一种反应，国粹主义、日本主义、日本精神论、近代超克论等都可谓其具体表现和反应。“回归日本”产生的内在机制，正是加藤周一所指出的近代日本和外部世界之间所存在的“排斥”与“摄取”的二重构造，而这种二重构造则起因于日本近代的本质。近代日本的主要目标，简而言之就是要建立一个以西欧国家为模型的近代国民国家，因而其主要手段和途径就是学习西洋。而要做到这一点，就必须加入国民国家行列，即模仿其构建自己的国民国家。然而，这却是一个存在悖论和矛盾的过程。一方面，要加入以西洋国家为主体的国民国家行列，就必然要学习和摄取西洋的相关要素，即进行“欧化”；另一方面，在构建国民国家过程中，不可或缺的就是要加强国民对国家的自我认同意识，而这也容易使国民产生“回归日本”的情绪和思想。尽管这种“回归”从本质上而言是一种出于自我保护的需要做出的“保种求存”般的反应，在一定程度上会纠正“欧化”或近代化过程中出现的一些偏差，但如果过度强调和宣扬本民族或国家的独特性和优越性，走向褊狭的民族主

① 中村政则：《第四次“回归日本”》，《每日新闻》（晚刊）1997年2月4日，第6版。

义，也极容易产生消极乃至恶劣的影响。日本在战前的两次“回归日本”时期都走向了侵略战争就证明了这一点。

综合日本学界的相关论述，可以认为到目前为止日本近现代史上大概出现过四次“欧化”与“回归日本”的周期性循环：（1）明治维新到明治20年为第一次“欧化”时期，明治20年到明治末期为第一次“回归日本”时期；（2）大正时期基本上为第二次“欧化”时期，1931年左右到日本战败为第二次“回归日本”时期；（3）战败到60年代为第三次“欧化”时期，1960年到80年代中期为第三次“回归日本”时期；（4）80年代中期到90年代中期为第四次“欧化”时期，90年代中期以后为第四次“回归日本”时期。

虽说随着全球化的不断深入和发展，国家间及地区间的文化交流、经济合作等愈来愈频繁和密切，但现代国家的国民国家之属性却并未消减。因此，“回归日本”这一现象今后仍将出现或存在于日本。而当下日本所存在的一些现象也再次表明现在的日本仍处于第四次“回归日本”时期。而且，当下日本社会某些人和集团所追求的“回归日本”，具有一个显著特征，那就是其“回归战前”的“志向”非常明显，其对日本战前的某些秩序与价值观的肯定和追求比以往更加强烈。对此，人们需要加以严重关注和警惕。

# Discussion on the Question of "Returning to Japan" in the Postwar Japanese Academic Circles

*Dai Yu*, *Zhang Jin*

**Abstract**: In December 1937, Hagiwara Sakutaro, known as the father of modern Japanese poetry, published an article "Returning to Japan-a Lonely Elegy". Taking the theme of "returning to Japan", Hagiwara Sakutaro describes the atmosphere and scene of "returning to hometown" which appeared in Japanese society in the early ten of Showa times. Since then, "returning to Japan" has often been used to refer to the periodic emergence of phenomena emphasizing the return to Japanese tradition and values in Japanese history. Since the beginning of 1960s, the postwar Japanese scholars have paid more attention to the phenomenon and question of "returning to Japan", and thus a series of thinking and discussions have appeared and been carried out.

**Keywords**: Postwar Japanese Academic Circles; Returning to Japan; Cyclicity

# 驳日本右翼文人关于 1982 年教科书问题的谬论*

王玉强**

【内容提要】1982 年，为了平息日本教科书问题风波，日本政府制定了“近邻诸国条款”并以此规范教科书的审定和编写。而以渡部昇一为代表的日本右翼文人，抨击该条款是 1982 年教科书风波中日本媒体“误报”导致中韩等国“误解”进而在教科书问题上对日本“内政干涉”的产物，因此要求废除该条款。本文依据 1982 年日本的国会记录对渡部昇一等人关于 1982 年教科书问题的谬论予以驳斥。

【关键词】近邻诸国条款　1982 年教科书问题　历史认识问题　宫泽谈话

## 一　日本右翼文人对“近邻诸国条款”的否定

1982 年日本文部省在审定教科书时大量篡改原来教科书内容，随之被日本媒体披露。鉴于日本文部省的篡改行为违反日本政府与中、韩等亚洲国家在日本殖民和二战侵略历史上的约定，中国和韩国等国向日本提出正式交涉并要求纠正被篡改的内容，教科书问题最终演化为外交问题。随

* 本文系教育部哲学社会科学研究重大委托项目“吉林新发掘日本侵华档案中若干重大侵华罪行研究（14JZDW006）”研究成果。

** 王玉强，博士，吉林大学东北亚研究院教授，日本研究所研究员，研究方向为日本史与中日关系史。

后宫泽喜一官房长官于同年 8 月 26 日发表关于历史教科书问题的政府见解，即“宫泽谈话”，承诺日本政府有改正教科书的责任。11 月 24 日，为了落实“宫泽谈话”精神，日本文部省在教科书审定中加入新的准则，即“处理与近邻亚洲各国之间发生的近代与现代历史上的事实与现象时，要从国际理解和国际协调的观点出发，给予必要的考虑”，此项准则被称为“近邻诸国条款”（日语为“近隣諸国条項”）。这是“近邻诸国条款”由来的基本过程。

该条款象征着日本政府在历史认识问题上采取国际协调态度，以及对《中日联合声明》《中日和平友好条约》和日韩间相关条约的遵守。该条款制定后不论是对日本文部省的教科书审定，还是对教科书的编纂，都有明显的规范作用。在 1984 年审定合格的教科书中，就将过去所使用的“进出”“侵出”“侵攻”等表述统一为“侵略”。具体来说，清水书院、教育出版、中教出版、大阪书籍、东京书籍等出版社将“进出”改为“侵略”；教育出版、学校图书等出版社将“侵攻”改为“侵略”；日本书籍将“侵出”改为“侵略”。[①]

1982 年教科书问题风波平息后，以渡部昇一为代表的日本右翼文人，一再依托《诸君》《正论》《产经新闻》等媒体，将日本政府遵守国际约定象征的“近邻诸国条款”，视为 1982 年日本《朝日新闻》等媒体的“误报”造成中韩的“误解”并向日本政府抗议，日本政府随之屈从中韩“内政干涉”的产物。日本右翼文人对该条款的此种批判论调在日本很有影响力。以关键词“近隣諸国条項”检索日本论文数据库（ci. nii. ac. jp），可知绝大多数论文重复上述论调抨击该条款，只有少数论文对该条款持肯定态度。另外，日本右翼文人对该条款的抨击也得到日本政界右翼势力的呼应，经常有政客引述上述“误报”、“误解”和“内政干涉”的论调批判否定该条款的合理性。2012 年，自民党的竞选纲领中首次提出要废除该条款。[②] 2013 年，首次有议员向日本国会提交议案要求废除该条款。[③]

① 高橋史朗「近隣諸国条項—百害あって一利なし」『諸君』34 巻 2 號、2002 年 2 月、169 頁。

② 『自民党政権公約』，https：//www. jimin. jp/policy/manifest/。

③ 「近隣諸国条項の撤廃等に関する請願」，http：//www. shugiin. go. jp。

我国学界对日本历史认识问题尤其是安倍政权在历史认识问题上的动向极为关注，但目前学界对“近邻诸国条款”所做研究不多。然而，从上述可知日本右翼文人对该条款的否定论调在日本肆意流行，再加上安倍政权已经着手启动废除该条款的政治进程，因此急需我们对此关注并做好相应的理论准备。本文依据 1982 年日本的国会记录，对日本右翼关于 1982 年教科书问题所谓“误读”“误解”以及“内政干涉”等谬论进行驳斥。

**表 1**

| 作者 | 论文题目 | 发表刊物与时间 | 对“近邻诸国条款”的认知 |
|---|---|---|---|
| 高桥史朗 | 阻碍“自豪感反思”的“近邻诸国条款” | 《自由民主》(月刊),1999 年 1 月 | 该条款与实行爱国心和对日本自豪教育不符,导致“自虐史观”教科书出现 |
| 高桥史朗 | 教科书制度与修改“近邻诸国条款” | 《正论》,1999 年 3 月 | 该条款是教科书“误报”的产物,事实上造成中韩“审定”日本教科书的局面,主张废除修改该条款 |
| 小堀桂一郎 | 为了将本国历史收回自己手中:废除“近邻诸国条款”、走向自律之路 | 《正论》,2001 年 3 月 | “误报”事件的恶果就是该条款的制定,是日本教科书编写的“手枷、首枷”,是对日本的“内政干涉”,主张废除该条款 |
| 高桥史朗 | “近邻诸国条款”:百害无一利 | 《诸君》,2002 年 2 月 | 该条款是教科书“误报”事件所致,是对日本的“内政干涉”,该条款导致“自缚手脚”“自虐”的日本教科书的产生 |
| 谷泽永一 | 成为取悦中国之国?沈阳事件的渊源在于作为国辱的“近邻诸国条款” | *Voice*,2002 年 8 月 | 该条款源于“误报”,是中韩“内政干涉”,日本对中韩“下跪外交”“全面屈服”的体现 |
| 铃木勋、石川水穗 | 验证对话:失去的和守住的 | 《正论》,2002 年 11 月 | 文部科学省不承认篡改过教科书,该条款是受到强力外压的产物,是中韩的“内政干涉”,主张修改该条款 |
| 渡部昇一 | 为重现“美丽之虹” | 《正论》,2002 年 11 月 | 由于该条款历史教科书被歪曲,无法进行对日本的爱国心和自豪感教育 |
| 石川水穗 | 论被“近邻诸国条款”毒害侵害的高中教科书 | 《正论》,2003 年 6 月 | 该条款是“自缚”的表现,文部省不再对教科书中的“侵略”记述提出修改意见 |
| 山口康助 | 盘踞高中教科书中的“近邻诸国条款”之癌 | *Current*(月刊),2003 年 7 月 | 该条款影响爱国心和对日本自豪感教育,是中韩的“内政干涉” |

续表

| 作者 | 论文题目 | 发表信息 | 对“近邻诸国条款”的认知 |
|---|---|---|---|
| 高桥史朗 | “近邻诸国条款”与教科书问题 | 《问题与研究》，2004年6月 | 受该条款影响，日本教科书记述是非常“自虐”的，该条款是教科书“误报”事件的产物，主张废除该条款 |
| 李宣定 | 关于1982年教科书问题的政治史考察：以宫泽谈话和“近邻诸国条款”为中心 | 《日韩相互认识》，2011年3月 | 该条款象征着日本的国际协调和对相关条约的遵守 |
| 藤冈信胜 | 废除“近邻诸国条款” | *Will*，2013年7月 | 该条款使日本教科书表现出“自虐史观”，是“误报”的产物，主张废除 |

## 二 日本文部省承认在审定教科书时存在篡改行为

1982年6月25日，日本文部省发布对小学和高中用教科书的审定结果，随后日本各大报纸纷纷报道文部省在审定中存在大量篡改行为。6月26日《每日新闻》指出，日本文部省教科书调查官在对社会科所包含的政治、经济、日本史、世界史、伦理等6种教科书的审定中，平均对每种教科书提出多达三四百处修改意见，对日本史教科书更是提出多达六百处的修改意见。其中，文部省为了淡化日本侵略历史，利用审定教科书的权力大量篡改教科书内容。比如，教科书调查官对送审教科书中记载南京大屠杀的遇难人数以及对描写南京大屠杀使用“暴行”“掠夺”等词语提出修改意见。某家出版社送审前的教科书如此描述南京大屠杀：“占领南京之际，日本军队因为杀害中国军民、施暴、掠夺、放火的南京大屠杀而遭受国际社会的谴责，中国遇难人数达20万以上。”经过教科书调查官篡改后，描述南京大屠杀的“暴行、掠夺、放火”等词语以及遇难人数被删除，甚至将该事件篡改为“起因在于中国军队的激烈抵抗导致出现巨大的损害”，以此强调日本军队行为的“正当性”。另外，文部省调查官还要求将送审教科书中对中国的“侵略”改为“进出”，而在对“德国、意大利的对外侵略”内容审定时却保留“侵略”一词，“日本军队进攻”也被改为“战斗打响”等。更重要的是，《每日新闻》指出此次文部省将“侵略”改为“进出”的篡改行为并不是今年首次出现，而是延续了往年文部省审定中将“侵略”改为“进出”的做法。[①]

而《朝日新闻》更是详细列举了此次文部省为了淡化侵略历史而篡改教科书的行为。比如，将对中国“侵略”改为“进出”“侵攻”“进攻”；将“苛政”改为“压政”；将“弹压”改为“镇压”；将“出兵”改为“派遣”“驻兵”；将“抑压”改为“排除”；将“收夺”改为“让渡”等；将朝鲜的“三一独立运动”改为“暴动”；而对中国实行的“三光政策”和强掳中国、朝鲜劳工的“强制连行”等词语更是被文部省审定删除。[②]

日本文部省的篡改行为很快引起亚洲各国的关注，中国新华社和《人民日报》对日本文部省的篡改行为极为关注。《人民日报》6月30日报道了日本文部省的篡改行为：“例如对侵华日军在1937年进行南京大屠杀的记载，原来在出版社的清样上是：‘在占领南京之际，日军杀害了许多中国军民，并进行了强奸、掠夺、放火，这一南京大屠杀遭到了国际上的谴责。据说，中国牺牲者达20万人之多。’但经过审定修改，被杀害的中国人的人数没有了，‘强奸、掠夺、放火’等暴行没有了，而南京大屠杀的起因竟被说成为‘事件的发端是由于中国军队的激烈抵抗，日军蒙受很大损失，因激愤而起的日军杀害了许多中国军民’。类似这样歪曲历史事实的地方还有多处。例如，在审定者的要求下，‘侵略华北’变成了‘进出华北’；‘对中国的全面侵略’改成了‘对中国的全面侵攻’；日军侵占中国东北的‘九一八事变’，变成了日军‘炸毁了南满铁路’。”随后，《人民日报》在7月24日发表批判日本文部省的短评，“日本文部省在审定教科书中篡改日本侵略中国和东南亚的历史……文部省把日本侵略中国说成是对中国‘进出’，把日本侵略军制造的‘南京大屠杀’说成是中国军队抵抗的结果”。[③]

7月26日，中国外交部第一亚洲司司长肖向前约见日本驻华大使，提出正式交涉并要求纠正文部省篡改侵华历史的错误。“肖向前指出，日本文

① 「戦時におう復古調　教科書統制、一段と強化」『毎日新聞』1982年6月26日。

② 「こう変わった高校教科書　教科書さらに『戦前』復権へ」『朝日新聞』1982年6月26日。

③ 《日文部省审定课本歪曲历史美化侵略》、《日本侵略中国的历史不容篡改》，《人民日报》1982年6月30日、7月24日。

部省在审定中、小学历史课本中篡改了日本军国主义侵略中国的历史，把‘侵略华北’改成‘进入华北’，把‘对中国的全面侵略’改成‘对中国的全面侵攻’，甚至把南京大屠杀的起因说成是‘由于中国军队的激烈抵抗，日军蒙受很大损失，激愤而起的日军杀害许多中国军民’。……日本文部省在这次审定课本中采取的态度是极不严肃的，动机何在是令人怀疑的。鉴于此事背离中日联合声明和中日和平友好条约的精神，不利于两国和平友好关系的巩固和发展，也将伤害中国人民的感情，中国政府不能不表示极大的关切，中国政府希望日本政府注意到中国政府的上述立场，纠正文部省审定的课本中的错误。”① 随后韩国等国家也就日本文部省篡改教科书行为向日本提出外交交涉。

尽管日本各大报纸媒体详细报道此次文部省审定教科书中存在大量的篡改行为，中国、韩国、朝鲜和东南亚各国也极为关注与本国相关的日本文部省篡改行为，但在此次整个教科书事件中，遗憾的是日本各媒体对文部省众多篡改行为的关注，日渐简化并集中在将“侵略”篡改为“进出”这一点上，而日本文部省其他篡改行为则很少被追究。而且，日本文部省尽管受到各方面压力，但拒不公开整个审定记录。这些情况也被日本右翼文人利用。8 月 26 日，日本政府发表“宫泽谈话”，承认日本政府负有改正教科书的责任，教科书问题风波平息后，以渡部昇一为代表的日本右翼文人反而从 1982 年 9 月前后开始到翌年 4 月，一直通过《世界日报》《产经新闻》《正论》《诸君》《文艺春秋》《周刊春秋》等报纸杂志，极力为日本文部省的篡改行为辩护，一再声称将“侵略”改为“进出”的教科书一例也没有，此次教科书问题是日本媒体的“误报”导致中韩等国“误解”进而对日本进行“内政干涉”。渡部昇一等右翼文人制造的上述论调混淆是非，但其所制造的“误报”“误解”“内政干涉”等论调却在日本右翼阵营中极为流行，至今不衰，也极大地干扰了日本主流社会对 1982 年教科书问题的认识，如今安倍政权企图援引渡部昇一等人的上述论调废除“近邻诸国条款”。但详细考察渡部昇一等右翼文人的文章可知，其论据并不严谨，很少引用日本官方正式资料。据笔者查阅 1982 年

① 田桓主编《战后中日关系文献集：1971～1995》，中国社会科学出版社，1997，第 353～354 页。

日本的国会质询记录，与渡部昇一等人的上述论调恰恰相反，日本文部省官员在接受国会质询的时候公开承认文部省在审定教科书时存在将“侵略”改为“进出”的篡改行为。

## （一）文部省承认存在将“侵略”改为“进出”的篡改行为

中国正式就日本文部省篡改教科书问题提出交涉之后，日本众议院内阁委员会、文教委员会和外务委员会随之正式质询文部省和外务省官员，审查此次教科书事件。面对日本国会的质询，日本文部省从小川文相到铃木局长、藤村课长，都承认文部省在审查日本侵华战争记述时存在将“侵略”篡改为“进出”的行为，从未否定将“侵略”篡改为“进出”这个事实。只是从特殊逻辑说明此次将“侵略”改为“进出”是出于统一用语的考虑，以及这种篡改是非强制性的“改善意见”，从而将篡改责任推给教科书的编写者。

在7月29日举行的众议院内阁委员会上，面对议员楢崎的质询，文部省教科书审定课课长藤村答道：此次引发问题的日本史和世界史教科书中关于日中战争（即日本侵华战争）对“侵略”这一词语提出的意见属于（不具强制力）“改善意见”。以日本史教科书为例，在审定合格的十册教科书中，我（指藤村）提出了数处修改意见，但依据作者的判断将“侵略”这一词语予以修改，在日本史教科书中仅有一例而已。面对楢崎议员进一步质询将“侵略”改为“进出”，为什么要改变，理由是什么？藤村答道：在涉及同一国家年代相近的历史事件叙述时，比如19世纪末列强对亚洲的“进出”，在这种场合下在教科书中使用了列强对中国的“进出”。因为之前使用“进出”这一词语，但此次在关于日中战争的教科书中却使用了“侵略”这一词语，针对这一改变在审定中提出将“侵略”修改为“进出”这一“改善意见”。因为是不具有强制力的“改善意见”，所以应该没有将“侵略”改为“进出”的事例。[①] 从中可知，对教科书审定直接负责的藤村课长承认在审定中存在要求将“侵略”改为“进出”的篡改行为。

7月29日参议院文教委员会专门为日本文部省的教科书审定举行质询会，日本文部大臣小川出席接受质询。议员小野明指出，中国通过正式

---

① 「第096回国会衆議院内閣委員会第19号」，昭和57年7月29日，http://www.shugiin.go.jp/。

外交途径，对日本文部省篡改日本军国主义侵略历史进行交涉，并期望改正文部省审定教科书中的错误。文部省的篡改行为举不胜举，比如将“侵略”改成“进出”问题，其他篡改的例子还有很多。小川文相答道：历史教育是依据事实、可信的资料培养客观考察判断客观事实的能力，对于词汇，希望使用客观和统一的词汇。比如19世纪列强对中国的战争使用“进出”这一词语，关于日本侵华战争有的教科书使用“侵略”这一词语，为了统一词语，审定的时候提出“改善意见”，即修改为较为客观的“进出”。有的教科书的作者依据“改善意见”将“侵略”改为了“进出”或“侵入”。随后议员田泽智治要求小川文相详细汇报文部省在审定教科书中的篡改情况，小川文相答道：对送审的10种日本史教科书，因为使用“侵略”这一词语而被文部省提出修改意见的有3种，文部省对其提出4处修改意见，按照文部省意见予以修改的仅有1种教科书。没有遵循文部省提出的修改意见，保留“侵略”这一词语的有2种4处。对送审的世界史教科书，因为使用“侵略”这一词语而被文部省提出修改意见的有6种10处，按照文部省意见予以修改的有2种3处，没有按照文部省的修改意见保留“侵略”一词的有4种7处。接着文部省初等中等教育局局长铃木接受质询的时候，同样重复小川文相和藤村课长的论调，即将“侵略”改为“进出”是出于统一用语的需要，而且文部省的修改要求只是非强制性的“改善意见”。①

从上述日本国会的质询记录来看，与此次教科书问题直接相关的小川文相、铃木局长和藤村课长都承认存在将送审教科书中的“侵略”修改为“进出”或“侵攻”等词语的篡改行为，但小川文相、铃木局长和藤村审定课长统一口径辩称这些修改意见属于不具有强制力的“改善意见”，采纳与否由教科书编写者决定，将责任推给各个教科书出版社。那么是否如文部省官员所辩称的那样，最终是由教科书编写者对篡改教科书负责呢？文部省上述推卸责任的辩词立即遭到各方的批判。

小野明随即指出，文部省以具有强制力的“修正意见”形式修改教科书中的“侵略”这一表述早有先例，1978年文部省审定教科书时就以“修正意见”形式要求修改“侵略”这一词语。所以文部省声称此次将“侵略”

---

① 「第096回国会参議院文教委員会第12号」，昭和57年7月29日，http：//www.sangiin.go.jp/。

修改为“进出”是“改善意见”而不是“修正意见”，是不能接受的。对于小野明的指责，铃木局长不得不承认文部省在1978年审定世界史教科书时，对“十字军和蒙古军的侵入”“奥斯曼帝国的欧洲进出”、“日本侵略中国和抗日运动”等记述，不是以“改善意见”而是以强制性“修正意见”形式，指示将“侵略”修改为“进出”。但他辩称这只是特例而已。①

文部省要求将“侵略”修改为“进出”并不是“改善意见”，而是具有强制力的“修正意见”，或者是接近具有强制力的“改善意见”，这得到了教科书编写者的证实。《人民日报》引述《东京新闻》报道，参与教科书编写的一桥大学教授永原庆二作证：“文部省当局现在说把‘侵略’改为‘进入’不是（强制性）的‘修正意见’，而是（无强制力的）‘改善意见’，这是毫无道理的胡说。我在编写1978年度的教科书时，（文部省）就曾以（强制性的）‘修正意见’指示把‘对中国的侵略’这一标题改掉。”②参与编写教科书的东京大学小岛晋治教授作证，以往撰写教科书可以使用“侵略”一词，因此在此次送审的教科书中也使用了“日本对东三省的侵略”这一表述，“侵略”一词使用了两次。但文部省却对“侵略”提出如下修改意见：“此页侵略一词过多”“现在此类用语有（引起）敏感反应（之嫌）”“也有从情感上讲（就日本来说）应避免使用这样强烈的议论”“不仅对日本的行动不使用，一切使用的情况都是非伦理化的，对我来说是不成立的。”可见文部省反对使用“侵略”，指示使用“进出”。③

### （二）所谓日本媒体的“误报”

对于此次文部省篡改教科书行为，日本媒体将之简化为将“侵略”篡改为“进出”。日本媒体最开始报道时依据实教出版社送审的《世界史》教科书被日本文部省审定时将“华北侵略”篡改为“华北进出”，日本媒体后来发现报道失实，立即予以更正。但此次误报绝不意味着日本文部省在教科

① 「第096回国会参議院文教委員会第12号」，昭和57年7月29日，http://www.sangiin.go.jp/。

② 《日本学者根据修改教科书的事实指出：文部省篡改历史的责任不容推卸》，《人民日报》1982年7月30日。

③ 小島晋治「教科書問題—何が問われているか」『中国研究所教科書問題を考えるシンポジウム報告特集』、1982、5頁。

书审定中不存在篡改行为，因为除了报道日本文部省将“侵略”篡改为“进出”，日本文部省篡改南京大屠杀、朝鲜“三一独立运动”等行为是无法否认的。另外，尽管日本文部省面对各方要求公开审定记录的压力拒不公开，但随后日本媒体还是发现了日本文部省篡改“侵略”表述的证据，即文部省在审定帝国书院的《世界史》时要求将“日本侵略中国”修改为“军事行动”，将“对东南亚侵略”修改为“对东南亚进出”；在审定东京书籍的教科书时要求将“侵略”修改为“侵入”“军事行动”。这些证据，日本文部省乃至右翼文人再也无法否认。随后日本媒体和日本国会也围绕着这些篡改行为对文部省予以质询和批判。但日本媒体最初关于实教出版社的误报却在教科书风波平息后，被日本右翼文人无限放大并以此攻击日本媒体的“误报”，导致中韩“误解”进而对日本进行“内政干涉”。但日本右翼文人制造的所谓“误报”“误解”论调并不符合当时的实际情况。

如果真的像日本右翼文人所宣称的那样，此次教科书审定中将“侵略”改为“进出”是日本媒体的“误报”，那么文部省从小川文相、铃木局长到藤村课长，他们在接受上述国会质询中就该以直接否认方式洗脱各界对文部省的指责，何必承认存在将“侵略”改为“进出”的行为，然后以不具备强制力的“改善意见”等说辞，以间接的方式为文部省的篡改行为进行辩护呢？

同样，中国外交部就篡改行为向日本提出正式交涉后，日本文部省在向中国解释的时候，同样没有直接否认上述篡改行为，也没有指出中国外交交涉是基于日本媒体的“误报”造成的“误解”。在 7 月 30 日举行的众议院文教委员会上，文部省铃木局长向各位议员介绍如何向中国驻日大使王晓云解释此次教科书问题。铃木选择的方法是以间接的方式介绍日本教科书制度，也就是日本施行教科书审定制度，日本文部省的审定意见由民间教科书出版社和编写者决定采用与否，从而将篡改教科书的责任推给教科书出版社。[①] 铃木局长针对中国指责文部省的篡改行为，并没有予以直接否认。更重要的是，直接负责与中国外交部交涉的日本外务省，也没有直接采用媒体“误报”导致中国“误解”这类应对方式，或通过直接否认日本文部省的篡

① 「第 096 回国会衆議院文教委員会 17 号」，昭和 57 年 7 月 20 日，http：//www. shugiin. go. jp/。

改行为来平息此次外交风波。相反，从日本外务省解密文件来看，日本外务省早就知晓日本文部省十年来在审定教科书中一直存在将“侵略”改为“进出”这样的篡改行为。[①] 而《每日新闻》在 8 月 26 日的报道中就指出将“侵略”改为“进出”是文部省沿用以往的做法。

另外，据日本出版劳联的调查，此次文部省把送审教科书中“侵略”的表述篡改为“向东南亚进出”或“中国侵入”一共有四处，并不像一部分媒体和电视报道所宣称的那样，完全没有将“侵略”改为“进出”的教科书。[②] 更重要的是，借助此次教科书问题，日本媒体进一步发掘出日本文部省很早就有上述篡改行为。文部省审定教科书依据的是其制定的准则《学习指导要领》，此次教科书问题发生之前日本文部省在其《学习指导要领》中就是用“大陆进出”代替“侵略”表述。二战后，不论是文部省编写的《日本历史》，还是文部省 1947 年的《学习指导要领（试行案）》，都承认太平洋战争是侵略战争。随着《日美安保条约》签订、日美同盟建立，文部省开始在 1951 年社会科的《学习指导要领（试行案）》中使用“大陆进出”“进出”这种表述。1958 年在中小学《学习指导要领》中已经统一使用“日本的大陆进出”这一表述，1960 年在高中《学习指导要领》中全面使用“进出”这种表述。1968 ~ 1970 年，中学和高中的《学习指导要领》中关于“反省战争”和“侵略”的表述已经被全面删除。[③] 因此，将“侵略”篡改为“进出”长久以来早已是文部省审定教科书的标准。

更有意思的是，日本文部省早就有将“侵略”篡改为“进出”的行为也被日本右翼媒体《产经新闻》承认。《产经新闻》在 9 月 8 日的报道中提到将“侵略”改为“进出”的修改意见二十年前就已经出现，这是日本军国主义化的表现。[④] 这恰恰与后来《产经新闻》追随渡部昇一等人的论调主张“侵略”改为“进出”一例也没有的说法完全矛盾。

---

① 日本外務省『「歴史教科書問題」整理番号03 - 6442（2）昭和五七年の教科書問題—経緯と問題点』1986 年 9 月 10 日、3 頁。

② 辻寧人「教科書検定—黒い思想の系譜」『前衛』11 號、1982、1 ~ 2 頁。

③ 藤原彰、本多公栄、吉岡吉典「教科書問題と戦後政治の原点」『前衛』10 號、1982、34、37 頁。

④ 「軍国主義化の表れ」『サンケイ新聞』1982 年 9 月 8 日。

## 三　中韩提出外交交涉并不是“内政干涉”

以渡部昇一为代表的日本右翼文人认为“近邻诸国条款”是1982年中韩干涉日本内政的产物，据此要求将其废除。“内政干涉”这种论调在日本右翼中极为流行，并且在误导日本民众上起着极坏的作用，需要我们认真对待。但从1982年日本的国会记录来看，在面对日本议员质询时，不论是对作为日本政府代表的宫泽官房长官，还是文部省和外务省官员，都不认为中韩向日本提出外交交涉是“内政干涉”之举。

随着日本媒体大量披露日本文部省的篡改行为，中韩等国的媒体也开始对其纷纷报道。7月23日，国土厅长官松野幸泰在会见小川文相时指出，有新闻报道韩国对日本的教科书内容提出要求，认为此种情况属于内政干涉，对此情况没有采取毅然的态度表示遗憾。由此引发日本政界对中韩等国的外交交涉是否属于“内政干涉”之举的讨论。

在7月29日的众议院内阁委员会上，议员楢崎质询宫泽官房长官此次中国提出修改要求是内政干涉吗？宫泽答道：关于我国教科书的记述，对中国一方的考虑应该谦虚倾听，干涉内政的说这说那，我认为那样说是没有建设性效果的。议员楢崎追问：现在阁僚中有人认为是内政干涉，官房长官如何认识？宫泽答道：我认为是阁僚的个人意见。①

在7月29日的众议院文教委员会上，小川文相针对松野发表“内政干涉”的言论指出，采取盛气凌人的态度，发表这样“内政”或“内政干涉”的发言是不能令人满意的，我是这么认为的。随后议员小野明进一步质询小川文相：教科书审定虽说是内政，但对遭受侵略的中国、朝鲜半岛和东南亚这些受害国和地区而言，日本的侵略并不是内政。以中国为首的亚洲诸国对此严厉批评日本，对此阁僚中出现这是内政干涉的认识，文相的看法是什么？小川文相答道：作为阁僚，在此我就不对同僚的发言进行批判了，这就是我的看法。随后议员田泽智治质询外务省亚洲局外务参事官长谷川和年：此次中国对日本是不是内政干涉，中国要求修改篡改内容是不是外交上的内政干涉？长谷川和年答道：教科书的记述问题当然应该由各自国家处理，但

---

① 「第096回国会衆議院内閣委員会第19号」，昭和57年7月29日，http：//www. shugiin. go. jp/。

我认为中国提出的要求应该谦虚接受。不管如何，中国没有强制性要求订正篡改内容，这样中国的行为不属于一般国际法所禁止的干涉行为。[①]

在 7 月 30 日的外务委员会上，土井议员质询外务省条约局局长栗山：《中日联合声明》和《中日和平友好条约》虽然规定内政互不干涉，但我认为此次中国并没有违反内政不干涉原则。栗山局长答道：《中日共同声明》和《中日和平友好条约》中的内政不干涉条款，是国际法意义上的内政不干涉。国际法上的干涉是一国使用某种武力或其他强制力对另一国应自由决定的事项施加压力的行为。我理解的《中日共同声明》或者《中日和平友好条约》中所说的不干涉内政，是指禁止出现上述国际法定义的干涉行为。土井议员进一步要求栗山局长确认：中国这种行为不相当于内政干涉，可以这么解释吧。栗山回答道：我想言语并不足以说明这个问题，从国际法角度来说，就像我刚刚说明的那样，并不在干涉内政的性质范畴之内。土井议员说：这样的话，就不能称之为内政干涉。[②] 从上述可知，对中国外交部就文部省篡改教科书行为提出交涉，对此尽管有诸如松野幸泰这样的阁僚发表中国"内政干涉"的言论，但代表日本政府接受国会质询的宫泽官房长官、文部省小川文相以及外务省官员并不认为中国的交涉是"内政干涉"之举。渡部昇一所谓的"内政干涉"论调并不是日本政府的态度，也没有日本政府正式记录予以证明。

但日本阁僚"内政干涉"的言论还是引起了中国的警惕，8 月 5 日中国外交部第一副部长吴学谦严正驳斥了日本阁僚所谓"内政干涉"的言论，并阐明此次中国对日交涉是符合《中日联合声明》之举。"日本政府对审定教科书中出现的问题，负有不可推卸的责任。遗憾的是，从上次交涉后，至今未能得到令人满意的答复，日本政府一些高级官员且有公然违背事实，背离中日联合声明，甚至反而指责中国提出交涉是'干涉内政'的言论。我方在上次交涉中就指明，日方在审定教科书的过程中出现的有关问题，都是涉及违反历史事实、背离中日联合声明的原则、损害中日友好基础的。这不能说是日本一国的内政问题。作为侵略战争的受害一方，对篡改被侵略的历史的错误表明自己的态度、要求予以纠正，这是理所当然的，是我们的正当权利。"[③] 随后日本外相樱内同样

---

① 「第 096 回国会参議院文教委員会 12 号」，昭和 59 年 7 月 29 日，http：//www. sangiin. go. jp/。

② 「第 096 回国会衆議院外務委員会 23 号」，昭和 57 年 7 月 30 日，http：//www. shugiin. go. jp/。

③ 田桓主编《战后中日关系文献集：1971～1995》，中国社会科学出版社，1997，第 359 页。

没有使用“内政干涉”回绝中国的交涉，而是呼应中国副外长吴学谦的讲话，主张按照《中日共同声明》精神解决这次教科书问题。在8月9日的众议院外务委员会上，樱内外相面对质询时指出，日本政府应该认识到国际社会对侵略战争的严厉批评态度。为了解决此次教科书问题，作为外相，他认为应该按照《中日共同声明》中“深刻反省”的精神，在日本政府内部进行协调，负责审定教科书的部门对教科书重新订正是必要的。[①]

最终在各方的压力之下，日本文部省发表正式见解，承认在审定教科书中有将“侵略”篡改为“侵攻”“侵入”、将对东南亚“侵略”篡改为“进出”的行为，在以往的审定中认为存在将对中国“侵略”篡改为“进出”的行为等。[②] 最终8月26日，铃木内阁官房长官宫泽发表“宫泽谈话”：“该日韩联合公报，日中联合声明的精神，在我国的学校教育、教科书审定之际，也当然应该受到尊重，而今天韩国、中国等国家对与此有关的我国教科书中的记述提出了批评。作为我国，在推进同亚洲近邻诸国友好、亲善的基础上，要充分听取这些批评，政府有责任予以纠正。”[③] “宫泽谈话”承认日本有责任纠正错误，最终制定“近邻诸国条款”，以此对文部省的教科书审定和民间的教科书编写予以规范和约束。

## 四 结论

此次教科书问题发生后，诸如日本文部省如何拒绝纠正错误，在解决此次问题上如何与外务省出现矛盾，以及为何日本右翼文人在教科书问题平息后的9月开始制造“误报”“误解”“内政干涉”论调等细节，限于篇幅无法展开。但就“近邻诸国条款”的由来而言，笔者2013年赴日交流时发现以渡部昇一为代表的日本右翼文人的否定论调在日本大行其道，经过查阅日本国会记录，发现日本右翼文人的上述论调乃无稽之谈。从1982年日本国会记录来看，日本文部省从小川文相、铃木局长到藤村课长都承认在审定教科书时将“侵略”篡改为“进出”等词语，因此不论是日本媒体还是中韩

① 「第096回国会衆議院外務委員会24号」，昭和57年8月9日，http：//www. shugiin. go. jp/。

② 「教科書検定—文部省の見解要旨」『朝日新聞』1982年8月10日。

③ 田桓主编《战后中日关系文献集：1971～1995》，中国社会科学出版社，1997，第370页。

等国对日本文部省篡改行为的批评都不是“误报”和“误解”。日本媒体披露文部省的篡改行为后，中国对日本提出正式交涉，其依据是《中日联合声明》中的相关规定，虽然有松野等阁僚大放厥词，批评中国“内政干涉”，但接受国会质询的宫泽官房长官、小川文相以及外务省官员都不认为中国的正式交涉是“内政干涉”。樱内外相在接受国会质询时更是直接提出应该按照《中日联合声明》相关规定处理此次问题。因此，从上述可知此次交涉并不是日本右翼文人所谓的“内政干涉”之举。最终关于此次教科书问题日本政府发表“宫泽谈话”，认可《中日联合声明》精神，宣布日本政府对教科书中的记述有责任予以纠正，制定“近邻诸国条款”，以此规范日本文部省的审定和日本出版社的编纂。“近邻诸国条款”意义重大，在安倍政权尝试启动废除该条款之际，需要我们给予充分关注，并做好理论准备。

# Refuting Japanese Right-wing Literati's Criticisms on the Issue of Japanese Textbook in 1982

*Wang Yuqiang*

**Abstract**: In 1982, to settle the issue of Japanese textbook, the government of Japan made the clause of neighboring countries (Kinrinshokokujyoukou) to guide reviewing and writing of textbooks. Shouichi Watanabe, as the representative of the Japanese right-wing literati, criticized the clause was resulted from error report by Japanese media and interference in domestic affairs by China and Republic of Korea during the issue of Japanese textbook in 1982. So they demand the abolition of the clause of neighboring countries. Basing on the 1982 Japan's congressional record, this article refutes Shouichi Watanabe and others' criticisms on the issue of Japanese textbook in 1982.

**Keywords**: The Clause of Neighboring Countries (Kinrinshokokujyoukou); The Issue of Japanese Textbook in 1982; The Issue of Japanese Historical Revisionism; Miyazawa Danwa

# 后　记

《国家政策转变与日本未来》一书系吉林大学日本研究所“日本研究论丛”第三辑，是继2016年出版《国家战略转型与日本未来》之后推出的又一部学术性著作和标志性成果。

吉林大学日本研究所是一所研究日本问题的综合性学术研究机构，是吉林大学国别问题专职研究机构中的优秀机构。自1964年国务院批准吉林大学创建日本研究室至今，该机构在50余年的历程中一直致力于日本问题与中日关系的专业性研究，不但众多的学术研究成果在国内外有着重要影响，而且该机构培养的专业化日本研究人才也活跃于国内外各个领域。“日本研究论丛”系列著述的出版，既是强化对日本进行前沿性、战略性研究的具体体现，也是推动日本研究基础化、综合化、系统化的具体实践。

本书共收录了19名学者的13篇文章，均系各位学者未公开发表的研究成果。各位作者分别从政治、经济、历史等视角，分析研究了日本内外政策调整与转变的路径、取向及影响，以便使我们更加准确研判日本未来的发展方向。

在本书出版过程中，社会科学文献出版社的领导、编辑付出了大量心血，为本书的顺利出版和精心设计倾注了大量智慧，在此对他（她）们辛勤的劳动表示诚挚的谢意！

本书系学者合作之作，书中观点只代表作者本人的观点，并不代表日本研究所的观点。由于我们的学识有限，书中可能有疏漏乃至谬误之处，祈望广大读者不吝批评指正。

编　者

2018年于吉林大学

图书在版编目(CIP)数据

国家政策转变与日本未来 / 庞德良主编. -- 北京：社会科学文献出版社，2018.12
（吉林大学日本研究所日本研究论丛）
ISBN 978 - 7 - 5201 - 3918 - 2

Ⅰ.①国… Ⅱ.①庞… Ⅲ.①政策 - 研究 - 日本 Ⅳ.①D731.322

中国版本图书馆 CIP 数据核字（2018）第 257263 号

·吉林大学日本研究所日本研究论丛·
国家政策转变与日本未来

主　　编 / 庞德良

出 版 人 / 谢寿光
项目统筹 / 高明秀
责任编辑 / 王晓卿　肖世伟

出　　版 / 社会科学文献出版社 · 当代世界出版分社（010）59367004
地址：北京市北三环中路甲 29 号院华龙大厦　邮编：100029
网址：www.ssap.com.cn
发　　行 / 市场营销中心（010）59367081　59367083
印　　装 / 三河市尚艺印装有限公司

规　　格 / 开　本：787mm × 1092mm　1/16
印　张：12.25　字　数：202 千字
版　　次 / 2018 年 12 月第 1 版　2018 年 12 月第 1 次印刷
书　　号 / ISBN 978 - 7 - 5201 - 3918 - 2
定　　价 / 69.00 元

本书如有印装质量问题，请与读者服务中心（010 - 59367028）联系